gleam BOOKS

最先端の自治がまちを変える

人口減少社会への24の提言

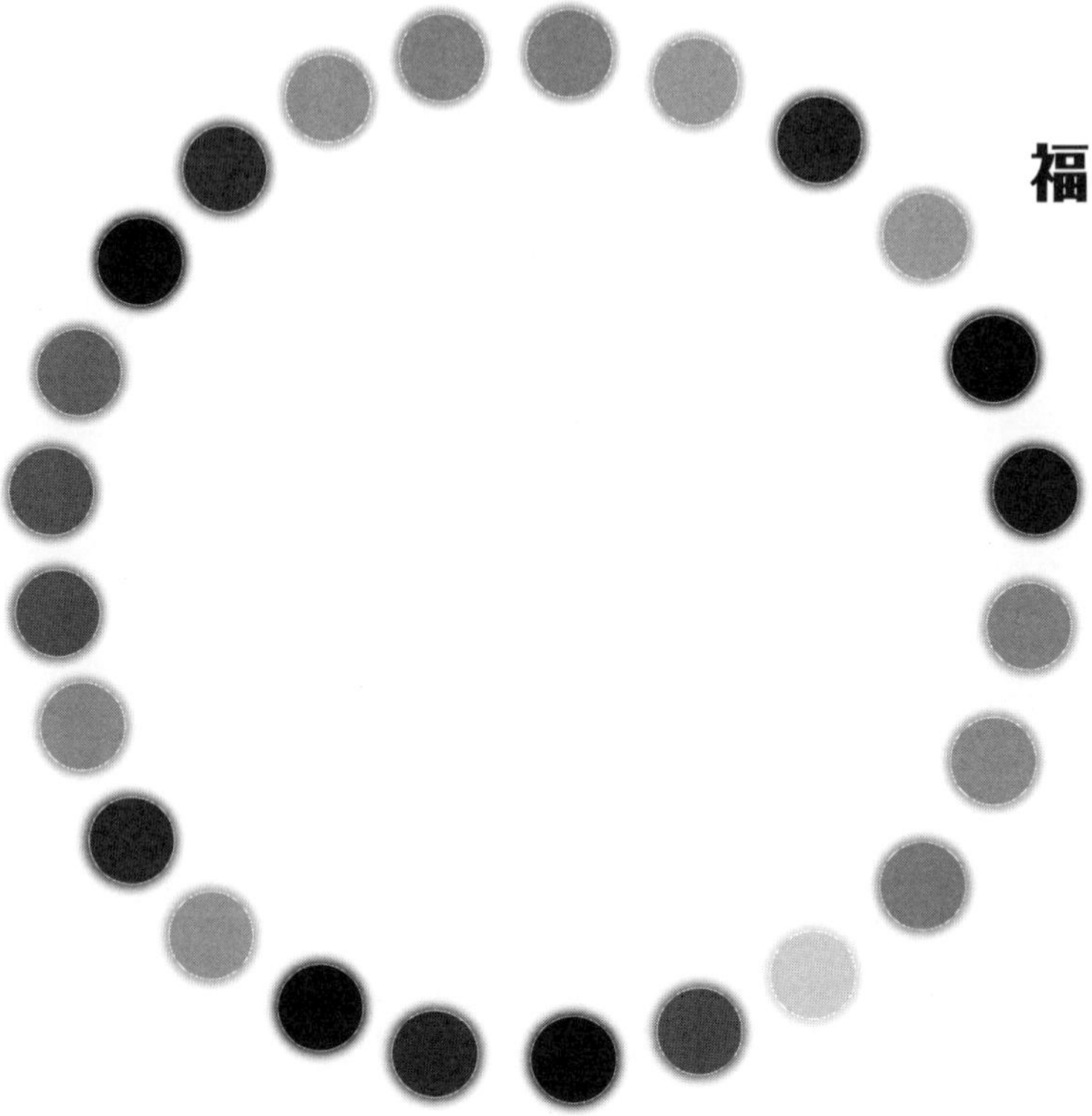

福嶋浩彦

株式会社 朝陽会

はじめに

右肩上がりの時代、自治体は国の成長戦略に乗ったほうが得だった。たくさん補助金を取ってくれば公共施設を増やせた（本当に良かったかどうかは別だが…）。

しかし、人口減少時代、量の拡大でなく質をどう高めるかが問われる。これは国の方針に乗ってできるものではない。どんな質が求められるかは地域によって全部違う。したがってその質の高め方も全部違う。地域の人たちが、自分の頭で考え、自分の責任で決め、実行するしかない。人口減少時代こそ、本当の自治が必要になる。

〔地方創生の現実〕　A町では「まちごと児童館」構想を進めていた。町のあらゆるところに子どもの居場所をつくろうという計画で、一生懸命交渉した結果、商店街のお店の一角や会社の余裕スペースなどいくつも無償で提供してもらえることになった。居場所のスタッフは町民ボランティアで担う体制を整えた。そして、おもちゃや児童本など備品の購入費だけ地方創生の交付金を申請した。

ところが国から、物品購入のみの事業は創意工夫がないから不可と言われた。場所の賃貸料やスタッフの人件費をセットで申請すれば、増額して可になるという。町は「創意工夫しなければよかった」と思った。賃貸料、賃金を出すなら、もっと簡単に場所も人も確保できただろう。だが、一度これらを出したら、交付金の期間が終わってからも町の財源で出さねばならなくなる。

これは、国の判定基準が間違っているのではない。国が自治体の創意工夫の良し悪《あ》しを判定すること自体が間違っている。その良し悪しを判定できるのは、その自治体の市民だけなのである。

〔我孫子市はなぜ待機児童ゼロにできたか〕　私が我孫子市長になる少し前まで、市の保育園問題といえば児童の「定員割れ」だった。人口急増時代に建設ラッシュだった市立保育園の統合さえ議論になった。団塊の世代ジュニアが大人になり、児童数が大幅減したからだ。

しかし1995年、私が市長に就任したとき、時代が大きく変わると感じた。やがて数の多い団塊の世代ジュニアが子どもを生む世代になると、出生率は下がっても児童数は従来ほど減らない。一方、女性の社会進出は急速に進む。したがって再び保育園が足りなくなる。

だから保育園の拡大に転じた。この転換が早かったことが、首都圏の都市部にあって待機児童をゼロにできた決定的要因だった。山ほど待機児童が出てしまってからでは遅い。

目の前で起こっている大きな変化を見ようとせず、国の指示待ちでいてはだめだ。時代はさらに大きく変わり、人口減少時代に入った。自治体は今、自分の責任で行動することを強く求められている。そんなとき本書が、市民や自治体議員、首長、職員の皆さんの役に立てばうれしい。

2018年5月10日

福嶋浩彦

目次

1 自立の覚悟問われる自治体

■社会を変えるのは地域から

私は基本的に地方自治の場で活動してきた。1995年から12年間は千葉県我孫子市長を務めた。ただ、2010年から2年間は消費者庁長官を務めた。地方自治体と国の行政機関、両方を経験してみて痛切に思ったのは、この社会を根本から良くするには、やはり地域、自治体から変えるしかないということだ。

もちろん国の役割は重要だ。国民の生死にかかわることを、毎日たくさん決めている。中央政府がきちんとしないと国民の生活や安全は守れない。

しかし、国民一人ひとりの生活そのものをトータルに捉えることは、縦割りの国の省庁では難しい。それができるのは自治体だ。また、人々が社会づくりの力をつけていくのも地域である。真に豊かな社会は、地域、自治体から積み上げていく以外にない。

しかし現実を見ると、多くの自治体は国への依存が根深い。

私が消費者庁長官のとき、地方への財政支援について「これからは国が使途を決めたヒモつき補助金でなく、自治体が住民の意思で自由に使える財源を保障することが大切だ」と言うと、多くの自治体の消費者行政担当者から「それは困る。消費者行政に使えという国からのヒモがないと消費者行政にお金が来なくなる」と言われた。

しかし消費者行政は他の行政分野に比べると後発なので、そもそも国の補助金は少なく、これまでそれに連動する市の予算も少なかった。国がヒモつき補助金を全てやめ、自治体が使い途《みち》を自由に決められるようになれば、他に振り向けられていた予算を消費者行政へ回す絶好のチャンスであるはずだ。ただし担当者は、「国の指示だから」「補助金があって有利だから」と従来の説明で予算を確保するのではなく、「この事業が住民にとっていかに必要か」を財政当局に説得しなければならない。ここから逃げていないだろうか。

■「私が責任を取りたい」が自治

首長や議会も、国の指示だから道路に使う、学校に使う、消費者行政に使う、と住民に説明するほうが楽だ。

道路に使ったとき、住民から「道路より学校に使うべきだ」と言われたら、「私も本当は学校に使いたいが、これは国から来たお金で道路にしか使えない。国に返すよりは道路に使ったほうがいいでしょう」と言い訳できる。

しかし、自分の判断で道路に使うとなると、なぜ道路が優先か説明責任を果たさねばならない。分権とは「お金をくれ」ということではない。「自分で責任を取りたい」ということだ。

■2000年に「通達」はなくなった

補助金だけの問題ではない。

2000年4月に施行された地方分権一括法で、国からの「通達」は廃止された。通達は、上位機関が下位機関に指示するものだ。国と自治体は、少なくとも2000年からはそういう上下関係ではなくなった。それ以降、国が出すのは「通知」だ。これは技術的助言で強制力はない。さかのぼって過去の通達も強制力がなくなった。

それなのに、国の通知を今でも「通達」と呼び、従うのが当たり前と考えている自治体が多いのである。自治体自身の上意下達の意識が問題なのだ。

一方、私が市長を務めていた我孫子市は、この地方分権一括法とまさに同時に始まる介護保険で、厚生省（当時）と対立することになった。

2000年4月の介護保険スタートに向けて全国の市区町村は要介護認定を進めていたが、厚生省のコンピュータソフトで一次判定を行うと、どんなに認知症が進んでいても身体が元気であれば、5段階のうち一番軽い要介護度1にしかならない。

しかし、特に家庭で介護するとき、体は元気でも認知症が進み、夜に外出してしまうような方には24

時間の見守りが必要で、一番大変だ。こうしたケースは、市区町村の付属機関である要介護認定審査会の二次判定で補正するのだが、その際に一次判定を大幅に引き上げる件数が多いと、引き上げ幅にばらつきが出る可能性がある。

■要介護認定の我孫子市独自指針

そこで我孫子市では、認知症が進んでいて一定の要件に当てはまる場合、コンピュータ判定が要介護度1であっても3が出たことにして二次審査を始める、という独自の指針を作った。

新聞がこれを大々的に報道すると、厚生省は「独自指針はコンピュータソフトを否定するもので、使ってはならない」と言ってきた。私はすぐ記者クラブへ「厚生省のコンピュータソフトに欠陥があり独自指針は必要」というコメントを出した。厚生省の「指導」には従わないと表明したのだ。

これに対し厚生省は、全国の都道府県へ文書を出し、我孫子市のやり方は不適切だとして、管轄内の市町村が真似しないよう指導を要請した。

我孫子市でも大騒ぎになったが、私は断固として主張を貫くことにした。結局最後は、私が多くのテレビカメラと一緒に厚生省に行って直接協議し、我孫子市の主張が通った。厚生省は我孫子市の独自指針を認める通知を出し直した。

中央省庁が全国に文書まで出して周知した方針に対し、たった一つの自治体が異議を唱え、ひっくり返したのだ。世論の応援も大きかったが、根本的な決め手は地方分権一括法による地方自治法改正だった。

新しい地方自治法では「機関委任事務」がなくなり、自治体の事務は、自治事務と法定受託事務に整理された。介護保険は自治事務だ。もちろん介護保険法に基づかねばならないが、法解釈は一義的には自治体の権限であるし、法令に定めのないことは自治体の腕の見せどころのはずだ。

介護認定のコンピュータソフトの扱いは法令に出てこない。「厚生省は何の権限があって我孫子市に独自指針をやめろと言うのか」ということになる。

■自立の精神、国を動かす

厚生省が、介護保険について指揮権があるかのように振る舞ったのは明らかにおかしい。しかし、それ以上に問題だったのは、我孫子市自身が「国から言われたら従うのが当然」という前提を頭の中に持っていたことだ。だから必要以上に混乱した。

私は要介護認定審査会に出席し、「我孫子市の介護保険の責任者は、厚生省ではなく我孫子市長。私は、皆さんの作った独自指針は正しいと思う。市長が全責任を負うので安心して独自指針を使って十分な審査をしてほしい」と訴えた。自治体が、自分たちのことは自分たちの責任で決めるという自立の精神を持たない限り、何も始まらない。

その3年後、厚生省のコンピュータソフトが見直され、認知症高齢者の在宅介護の実態も反映されるようになった。多くの人たちの努力の結果だが、保険者である自治体が、現場を踏まえ声を挙げた意味は大きかったと考える。

さらに我孫子市では、認知症高齢者の家庭に調査員が泊まり込み、24時間の在宅介護実態調査も行った。そのデータもコンピュータソフト改定の重要な資料となった。

国家からでなく生活者から発想していくことが自治体の生命線だ。しかし現在の「地方創生」の中で、国のほうばかり見ている自治体がむしろ増えてはいないだろうか。

❷ 市民同士の対話が自治の力を育てる
——まちの課題を自分ごとにする「無作為抽出型市民協議」

■市がイラク問題でシンポ

２０１５年は、多くの自治体が戦後70周年の平和事業を行った。そのほとんどは、過去の戦争の悲惨な記憶をしっかりと次世代に伝えようというものだ。この取り組みが大切であることは言うまでもない。しかし同時に、同年は安全保障法制が大論争になり、日本の戦後70年の安全保障政策が大きく転換した年でもあった。自治体の平和事業でも、目の前の問題から目をそらさず、様々な立場から議論する必要があったのではないか。

私が我孫子市長を務めていた２００５年は戦後60周年であった。これを契機に、市内全中学校の生徒代表を広島平和記念式典へ送り、原爆被爆者と交流してもらうことにした。

同時にこの年は、日本の自衛隊が初めてイラクへ海外派遣された年だった。派遣への賛成、反対はそれぞれあるとしても、この事実に目をつむり、過去の戦争だけを取り上げて平和事業だと言うのはごまかしに思えた。

そこで我孫子市が主催し、イラク問題のシンポジウムを開催した。私は市の広報紙で「平和について考えるため、まず世界の現実を『知る』ところから始める必要があります。イラクで、私たちと同じ市民がどんな状況に置かれているのか、先入観やイデオロギーはいったん横に置いて、自分自身の耳で聞き、目で見て、考えてみましょう」と市民へ呼びかけた。

パネリストはイラクの現地の様子に詳しい、立場の違う3人にお願いした。武装勢力の人質になったフォトジャーナリストの郡山総一郎さん、イラク市民の映像を現地から世界に伝えてきた平和団体代表のきくちゆみさん、自衛隊イラク派遣部隊元隊長の松村五郎さんの3人だ。コーディネーターは市長の私が務めた。

■平和運動も戦争の論理？

シンポジウムはとても充実した内容になり、3人のパネリストからも、参加した市民からも、「立場の違う人が率直に議論したのが良かった」「こうした取り組みこそ平和につながる」と好評だった。本当にやって良かったと実感できた。

ところが我孫子市で平和運動をしている人の半分は（感覚的な半分だが）、この企画に強く反対した。「平和事業にいかなる理由があろうとも自衛隊を呼ぶのは許せない」「イラク派兵を容認するものだ」という批判だった。

自衛隊のイラク派遣に反対するにしても、実際に責任者として行った人の話を聞いてから反対したほうが深い反対になると思うのだが、「自衛隊の隊長の話を聞くと、イラク派遣が必要だと我孫子市民がだまされる」と言う。派遣に反対の立場の他の2人のパネリストの話も聞くにもかかわらずだ。

つまり自分と意見が違う人の話は、自分が聞きたくないだけでなく、他の人が聞くのも許さないということだ。結局、意見が違う人は抹殺の対象なのである。これは戦争の論理だ。平和の論理は、どんなに相手が憎くても、永遠に話が平行線だと思っても、話し合いを捨てないことである。

平和運動を一生懸命やっている人が戦争の論理であるのには愕然《がくぜん》とした。けれどよく考えてみると、この問題に限らず、賛成の人は賛成の人だけで集まって「そうだ、そうだ」と言っているし、反対の人は反対の人だけで集まって「断固阻止！」と言っている。お互いが話すなんてあり得ない、ということが多いのではないか。

■市民が合意をつくり出してこそ、行政を動かせる

地方自治を進めていくには、市民の自治力を高める必要がある。自治力とは一言で言えば、違う意見、違う利害を持つ市民同士がきちんと対話をし、自分たちで合意をつくり出す力だと考える。これは言うのは簡単だが、実際には大変難しい。

私が市長のときも、まちづくりの中で素晴らしい市民の対話はたくさん生まれた。しかし、それでも全体として見れば、意見や利害が違う市民同士は話し合うどころか、むしろ話し合いを避ける。そして

それぞれが市役所や議会に行き、自分の要求をする。

しかし、ここにとどまっていたら、永遠に陳情政治のままだ。いくら市民参加を進めても、参加した先で市民がそれぞれ自分の要求をしているだけなら、いつまでもそれをジャッジし決定する「官」の側が威張っている。違う意見、違う利害を持つ市民が対話し、自分たちで合意をつくり出してこそ、その合意で首長・行政や議会を動かせるのである。

■広がる無作為抽出型市民協議

経済や人口が右肩上がりの時代の自治体は、市民の要求をあれもこれも、借金や国の補助金で実現しようとしてきた。しかし、人口減少社会の中で地域の質を高めていくには、何をやり、何をやめるか、本当に何が必要か適切に判断する必要がある。その合意づくりが問われる。

この合意づくりの手法の一つとして注目されるのが、無作為抽出の市民による協議だ。香川県三木町では、無作為抽出された町民の中からの希望者と、町内にある香川大学の学生を委員とした「百眼百考会議」の議論に基づき、地方創生の三木町総合戦略を策定した。自治体版総合戦略を、国の交付金獲得を目的にコンサルタントに丸投げして作成した自治体も目立つ。そんな中で三木町では、町民から出発した自立的・主体的な計画づくりを実現させた。

この無作為抽出による方式は、進化した新たな市民参加として注目される。すでに住民協議会の参加者や「事業仕分け」の市民評価人を選ぶ際の方式として広がっている。

■立場の異なる市民の対話が自治をつくる

決して、まちづくりや行政に関心がないわけではないし、意見もある。しかし役所が開催するタウンミーティングや懇談会では、いつも同じ顔ぶれの人が同じような発言をしている。そんな場に参加して発言する気はない、という人は結構多い。

そんな人が、無作為抽出で選ばれ、ちょっと背中を押され参加する。すると、年齢、性別、住む地域、職業などが市民全体に近い集団で議論することになり、多様な立場の市民の対話が生まれる。参加者はこれまで知らなかったような地域の現状や課題を知り、どんどん自分ごととして捉えるようになる。物事を多面的に判断し、積極的な参加意識を持った市民が育っていく。すでに全国の自治体で、無作為抽出で選ばれ議論に参加した人は7800人を超えた（2018年3月現在、シンクタンク「構想日本」調べ）。

もちろん、意見があっても無作為抽出で選ばれない限り言えないのでは困る。公募型との併用が有効だろう。

かつて、行政が設置する審議会などの委員にはまちの有力者がなった。どの審議会も、商工会と社会福祉協議会と農協の会長が名前を連ねるといった具合だった。こうした委員は議論されるテーマに詳しいわけでなく、行政の諮問案を形式的に審議し、問題なしと答申することがほとんどだった。

これを改善するため、委員の公募制が登場した。公募委員は積極的意見を持つ人が多く、活発な議論になり大きな成果を上げた。しかし、限界も見えてきた。公募委員は、「私は行政にこれをやらせたいから委員になった」「これをやめさせたいから委員になった」と、最初から結論が決まっている人が多い。10回会議をやっても1回目も10回目もずっと同じ主張をしている、という状況も目立つ。これでは、せっかく議論しても深まらない。

これを乗り越えるため無作為抽出手法があるとも言える。無作為抽出の委員の多くは、テーマに関心があっても結論が決まっているわけではない。いろんな情報を得て、様々な人の意見を聴き、あらためて考えたいという立場で参加してくれるので、とても良い議論になることが多い。

市民は、同じ意見の人だけで集まり声高に何かを主張するような行動パターンから抜け出す必要がある。首長・行政は、立場の異なる市民が対話できる場を意識的に地域の中に多くつくる必要がある。そして議会は、市民の対話をリードできるような議員間の討議を、まず自分たちでやる必要がある。

自治の力は机上の研修では身につかない。実際のまちづくりの中で、市民も行政も議会もいっぱい失敗をし、いっぱい混乱を経験し、いろいろ試行錯誤をしながら実践の中で身につけていくしかないだろう。

３ 人口の奪い合いより、ふるさと住民票を
――まちの外から応援してくれる人を増やす

■多様化する市民と自治体の関係

安倍政権が鳴り物入りで打ち出した「地方創生」の下で、全国の自治体は今、若年人口奪い合いの自治体間競争に陥っている。

安心して子どもを産み育てることができ、子どもが豊かに成長できる社会は、出生率という数字のためでなく、私たちの幸せのために大事だ。

ただし、これから30～50年は、出生率が上がっても日本全体の人口は減少する。子どもを産む世代の人口が、団塊の世代ジュニアの高齢化によって大幅に減ることがすでに決まっているからだ。「従来の社会の仕組みを維持していくには人口が減ると困る、何とか食い止めよう」ではなく、人口減少の中で皆が幸せになる、持続可能な新しい仕組みに変えていくことが求められる。

その一つとして、市民と自治体の「複線的な関係」の構築がある。

現代社会において市民と自治体との関わり方は多様だ。仕事などで複数の自治体に居住する人、ふるさとに愛着を持ちながら離れた都市で暮らす人、親の介護のため複数の自治体を行き来する人、災害の

ため元の居住地を離れ長期の避難生活をしなければならない人など、様々なケースがある。
一つの自治体に住民登録し、一つの自治体に税金を払い、一つの自治体から行政サービスを受けるという単線的な関係は、こうした社会の変化に対応できなくなっている。多様な背景を持つ人たちと自治体の柔軟な関係をつくることが不可欠だ。

■ふるさと住民票を共同提案

２０１５年8月20日、全国の８人の首長（北海道ニセコ町・本別町、福島県飯舘村、群馬県太田市・下仁田町、埼玉県和光市、鳥取県日野町、香川県三木町）と学者やシンクタンク「構想日本」代表の加藤秀樹氏ら合わせて11人が共同呼びかけ人になり（私もその1人）、「ふるさと住民票」の提案を行った。

これは、法律に基づく住民登録をしている人以外で、様々な理由からその自治体に関わりを持ちたいと考える人に、正規の住民票とは別の「ふるさと住民票」を発行し、まちづくりへの参加の機会や必要なサービスを提供しようという制度だ。アイデア次第で多くのことができる。

例えば、条例に基づく住民投票ならば、参考投票の権利を保障することができる。当然、パブリックコメントへの参加も可能だ。その地域に愛着を持ちながら外部の目で見ている人は、貴重な意見を寄せてくれるだろう。

また、ふるさとの情報を知りたい人へは自治体広報の発送（電子メールや郵送）、その自治体で活動する機会が多い人には公民館・スポーツセンター・公営駐車場など公共施設の住民料金での利用などが喜ばれるだろう。さらに親などの相続や介護関係書類の郵送登録、「ふるさと住民票」による本人確認、祭りや伝統行事への参加案内などが考えられる。

制度の詳細は個々の自治体が自由に設計するが、参加自治体と呼びかけ人が中心になり、必要な情報・意見交換をする連絡協議会をつくり、共通のロゴ（シンボルマーク）も策定した。

２０１８年5月現在、首長が呼びかけ人となった前述の日野町、三木町、飯舘村に加え香川県三豊市、徳島県佐那河内村、勝浦町、兵庫県丹波市で実施されている。

２０１１年の福島第一原発事故により18年3月まで全村避難を余儀なくされていた飯舘村では、全国に「飯舘応援団」を作って復興への力を借りるとともに、避難先に住民票を移した元村民とのつながりを維持する手段にもしたい考えだ。ふるさと住民を対象に村の生活・文化体験ツアー（いいたて再発見塾）や、復興のアイデアを出してもらう「一日村長体験」などの企画を進めている。

■自治体の判断で実行する

今回ふるさと住民票を実施した菅野典雄飯舘村長は、福島第一原発事故によって他自治体への長期避難を余儀なくされた住民のために、元の居住自治体と避難先の自治体の両方の住民票を取得できるよう、二重住民票を可能にする法改正を国に要望していた。国も積極的に検討はしたものの、結果としては一定の代替措置にとどまり、二重住民票を可能にする法改正には至らなかった。

ふるさと住民票は、二重住民票を被災地に限らず全国展開しようとするものだが、国に法改正を求めず、自治体が現行制度の中で工夫し皆でやってしまおうというところにポイントがある。前述した取り組みは、法改正がなくとも自治体の判断でできる。

将来、「ふるさと住民票」が多くの自治体に広がったとき、国を動かし法改正に結びつけることができるかもしれない。ただ、二重住民票を法制化するには、住民登録と選挙の投票権や納税義務を切り離す必要があり、住民登録制度の大改正になる。これは将来の課題とし、まず自治体の取り組みを確かなものにすることが重要だと考える。

■ふるさと納税にも生かせる

最近、ふるさと納税を、特産物などの豪華景品をプレゼントして集める手法が批判されている。こうしたやり方でなく、ふるさと納税をした人へ「ふるさと住民票」を発行し、より多くの人たちの知恵や力をまちづくりに生かせるようにしたらどうか。

ふるさと納税（法的には寄付）した人へお礼を贈呈するという一時的な関係でなく、その自治体へ愛着を持つ人と継続的な関係を築いていく。そうした関係の中から、起業した人が会社の支店をその自治体へ出したり、本格的に移住する人が出てきたりする可能性もあるだろう。

もちろん、ふるさと納税の制度自体には様々な評価がある。呼びかけ人になった首長の自治体の中にも、ふるさと納税と「ふるさと住民票」をセットで進めるという自治体もあるし、ふるさと納税は制度自体が良くないので、それと切り離し「ふるさと住民票」を進めるという自治体もある。

全国的な税源の偏在を是正するには、国が地方交付税を政策誘導の手段に使うのをやめ、本来の税源の再配分機能に特化させる必要がある。国がこの努力をせず、ふるさと納税でごまかすのは疑問だ。ふるさと納税を自治体側でなく、国が言い出したことに非常に違和感がある。

ただ、もしやるならば、納税してくれた人へ景品ではなく、まちづくりに意見を言ったり参加したりする権利を保障するほうが、ふるさと納税の本来の趣旨を生かせるのではないか。

■知恵や力を貸してくれる人がどれだけいるかの競争

地方創生では、国の方針ばかり気にし、いかに国の意向に沿う計画を立てて国のお金をもらうかしか考えていない自治体も多い。しかし「ふるさと住民票」は、まさに人々の生活や地域の必要性から出てきたものだ。このことが決定的に重要だと考える。

香川県三木町では地方創生の自治体版総合戦略を、無作為抽出による町民と香川大学の学生による「百眼百考会議」での議論を軸に作成した。そしてその総合戦略に「ふるさと住民票」の発行を位置づけた。わが自治体には、ふるさとだという気持ちを持ち知恵や力を貸してくれる人がこれだけいる、という競争は、人口の奪い合いの自治体間競争と違って、前向きで有意義なものになるはずだ。

「ふるさと住民票」は、日本全体の人口減少が進む中で自治体が人口を奪い合うという泥沼から抜け出す一つの手段になり得ると考える。

④ お金やエネルギーを地域で回す
──「オオバンあびこ市民債」から地域再生を考える

■金太郎飴の「成長戦略」

かつて地方は皆、国から来たお金で公共事業を行って地域経済を維持し、同じように企業誘致に取り組み、同じように観光客誘致に取り組んだ。

いつも皆が同じ発想で、お金を出してくれるところ、お金を落としてくれる人を奪い合い、「成長戦略」を描いてきた。そうした延長上にこれからの地方再生はないだろう。

現在の「地方創生」も、国が自治体を審査し、国の方針に沿うところへ交付金を出すやり方で、住民と地域ではなく、ますます国のほうばかり見る自治体が増えている。国に認めてもらい交付金を得ようと思って行う創意工夫が、本当に中身のあるものになるのだろうか。お金はないが何としても自分たちの力でこれをやりたい、と思うところにこそ、本物の創意工夫が生まれるはずだ。

■オオバン市民債の挑戦

少し前のことになるが、我孫子市は2004年、古利根沼の自然を保全するため、沼の水面16ヘクタールを丸ごと買い取った。古利根沼は利根川の蛇行部分が残されてできた三日月湖だ。ハンノキやコナラなどの斜面林と水面が一体となり、昔の利根川の風情を残した貴重な自然環境である。

国は昭和の初め、沼を地元住民の廃川組合などに払い下げたが、所有権がやがて開発業者の手に渡り、1980年代から何回も埋め立てて宅地化する開発計画が出された。市民は、何とか古利根沼を守ろうと「古利根の自然を守る会」を結成して幅広い運動を起こした。行政も何とか踏みとどまって開発計画を抑えてきたものの、開発業者が所有したままで非常に不安定な状況が続いていた。

私が市長を務めていたとき、銀行の債権処理会社の所有に変わったので、この機会に保全を確実なものにするため、市が買い取ることにした。前の業者からは、市が開発を認めないのなら50億円で買い取れという話もあったが、銀行の債権処理会社からは鑑定価格の4億3000万円で買い取れることになった。

ただ、4億3000万円でも市にとっては大変な買い物だ。そこで2億円分は「オオバンあびこ市民債」を発行して市民に買ってもらい、残りは緑地保全のために積み立てていた緑の基金などから支出することにした。

■国債より利率の低い市民債

この市民債は「住民参加型ミニ市場公募債」と呼ばれるものだ（オオバンは「市の鳥」の名前）。5

年満期一括償還で、1人が10万円単位で100万円まで購入できるようにした。

当時、市民債を発行している自治体はそれほど多くなく、我孫子市は市町村では全国70番目だった。それでも、その発行自体は特別なものではない。我孫子市の特徴は、市民債の利率を抑えたことにあった。

市民債の利率は、多くの自治体で、同じ条件の個人向け国債の利率に少し上乗せして決められている。一般に信用度は国のほうが高いので、信用度が低い自治体は利率を高くせねばならないのだ。しかし、市民債を発行するには様々な事務経費が必要になる（当時はまだ債券の発行も必要で、その印刷費用もかかった）。かなりの事務経費がかかる上に利率も高いと、市民債より銀行から借りたほうが財政的には得ということになる。

市民債には市民参加の意義があるとはいえ、あくまで資金調達の手段であり、財政的に不利になる方法は納得できなかった。そこで、我孫子市は市民債の利率の定め方を全く変えた。

利子も含めた発行経費が、銀行から借りるのと比較して、少なくとも同等かそれ以下になるようにしたのだ。つまり、銀行借り入れの場合の発行経費から市民債に必要な事務経費を引いて、残りの額の範囲で市民債の利率を決めた。この方法で利率を計算すると年利0・58％になり、満期などが同じ条件の当時の個人向け国債の利率0・80％より相当低くなった。

国よりも信用度の低い自治体の発行する市民債の利率が国債の利率より低いのは、金融商品として不良商品だということで、証券会社からはすべて取り扱いを断られた。指定金融機関の千葉銀行が窓口で取り扱ってくれ発行できたが、はたして利率の低い市民債を市民に買ってもらえるのか、各方面から注目された。

■目的が見える市民債

結果は、2億円の発行に対し10億3150万円もの申し込み（1260件）があり、結局、公開抽選で当たった人だけに買ってもらった。なぜこんなに多くの申し込みがあったのか。市民債が何に使われるかはっきりしていたことが決め手だった。

個人向け国債の場合は、そのお金が何に使われるか全く分からない。この市民債は、古利根沼の自然を守るため沼を買い取る費用に使われることがはっきりしている。その次に発行した市民債は小学校の耐震工事の財源にしたが、やはり発行額の5倍程度の申し込みがあった。

市民は利子目当てではなく、自分のお金が地域の改善の役に立つ――身近な自然が守られたり、子どもたちの安全が向上したりするのに生かされる、というところに意義を感じて買ってくれたのだ。

この結果は、自治体が市民との丁寧な合意をつくっていけば、いろいろな形で資金を確保していける可能性がある、ということを私たちに教えてくれた。まして低金利時代には、一層その可能性が増すだろう。

また逆に、「こんな事業は必要ない」と市民が考える事業に市民債を発行しても、市民は買ってくれない。市民債を通して間接的に、市民による事業選択が行われることにもなる。

■あらゆるものを地域で回す

もちろん、行政の資金調達だけの話ではない。地域の再生は、地域にある資源や人材をもう一度徹底して生かし、お金も、エネルギーも、食料も、あらゆるものを可能な限り地域の中で循環させる仕組みがカギになると考える。

例えば現在、太陽光・風力・小水力・バイオマスなど地域資源を生かした発電でエネルギーの地産・地消を目指す動きが全国の自治体に広がっている。ただし、中央の大資本が入ってきてメガソーラーなどで大規模発電を行うだけでは、多少の雇用は生まれても、利益は中央に流れていってしまう。

長野県飯田市を中心とした南信州地域では「おひさま進歩エネルギー株式会社」が、市民出資を活用しながら「おひさま発電所」の設置を進めてきた。2017年3月現在、太陽光発電の設置箇所は全部で357か所（容量合計7020・57kW）となっている。飯田市も「再生可能エネルギーの導入による持続可能な地域づくりに関する条例」を制定し、連携している。

また、地域農業の発展には、大規模化一辺倒ではなく、小規模農業を持続可能にする仕組みも不可欠だ。それを支えるのは農産物の地産・地消である。我孫子市は小中学校の給食でも、徹底して自校方式にこだわった。給食センターでまとめて作り各校に配るのではなく、各校に調理室を設置し、それぞれに栄養士を配置して献立を考え、手作り給食を実現してきた。これによって、校区内の農家が作った野菜などを給食に取り入れることができる。子どもたちと地元生産者の顔の見える関係が生まれたら、まちづくりの財産になる。

こうした取り組みは、地域の必要性に基づいた地域の知恵から生まれるものだ。つまり、しっかりとした自治があってこそ生まれてくる。国の号令やお金につられて生まれてくるものではない。

5 民間と行政の連携を根本から見直す
――行政の仕事を民間の手で奪い取る「提案型公共サービス民営化」

■地域の質を高める必要

人口減少社会を迎えた今日、あらゆる分野で拡大ではなく質をいかに高めるかが問われる。地域の質を高めるには、民間（ＮＰＯや企業）と行政の連携を最適化することが大事だ。

しかし現在、両者の関係が最適であるとは言い難い。民間のほうが質の高いサービスを効率的に行えるのに、行政が抱えて離さない事業が依然としてある。公務員がやるしかないという思い込みや、公務員の既得権の維持が要因だ。他方、行政の事業の民間委託は進んでいるが、民間が得意かどうかにかかわらず、行政が苦手なものを、行政の勝手な都合で民間に押し付けていることが多い。

例えば、市の音楽ホールの運営コストを７割に削減したい。だから指定管理者制度を使って、企業やＮＰＯに管理運営を任せる。もちろん、コストが下がること自体は良いことだし、直営だからといって行政が十分に責任を持っているわけではない。

行政職員のほとんどは音楽の素人だ。昨日まで市民課の窓口にいた職員が、人事異動で音楽ホールの担当者になることもある。そういう素人の正規職員10人でやっていたことも、音楽の専門家集団がいる

NPOや企業に任せれば5人でできるかもしれない。

それだけの能力を持つ専門家は、行政職員よりも20%くらい高い給料をもらう。その代わり半分の人数ででき、結果としてコストが7割になる。そして何より、専門家によって音楽ホールの運営の質がぐっと高まる。指定管理者制度はこうして使うものだと考える。

ところが全国の自治体を見ると、コストが下がった中身は、行政職員の給料より民間の指定管理者の職員の給料が3割低いからコストが7割になっただけ、ということが圧倒的に多い。

これでは、行政が先頭に立って同一労働・同一賃金の原則を壊していると言われても仕方ない。もし本当に行政にお金がないのなら、一部の事業を民間に任せて民間職員の給料を30%下げるのではなく、行政の正規職員全員の給料を3%下げたほうがずっと財政効果がある。安易に行政職員の給料を下げてよいわけはないが、民間の安い給料を利用してコストを下げ、行政職員の給料を確保することは、それ以上に許されない。

■「質」と「対話」で決める

これまでは結局、市民の意思と離れた行政が、一方的な決定権を持って公共を仕切り、自らの勝手な都合で民間へ下請けに出してきた。

これからは、税の使い方はしっかりと主権者である市民の意思で決める。そこから先の行政の仕事は、税で行う事業を直接実施することでなく、その事業を最も良い「質」で行う主体に発注することだ。もちろんコストを無視していいわけはない。効率や費用対効果は厳しく見る。これも含め質だろう。ただ従来は、コスト削減だけが目的化していた。

質で判断すれば、かなり民間に移る。結果として行政の総コストが下がる効果をもたらす。しかし、個々の事業をいかに安上がりにやるかという発想で進めると、様々な歪《ゆが》みが生じてしまう。

質で実施者を決める際に、企業か、ＮＰＯか、行政か、抽象的に議論をしても意味がない。例えば、Ａ市の音楽ホールを市民のために最も良く運営するのは、株式会社○○なのか△△なのか、ＮＰＯ法人□□なのか、Ａ市教育委員会文化課なのか、あくまで具体的に検討する。教育委員会文化課が最も良くやるなら、その場合は直営になる。

また、どの分野に民間の力が蓄積されているか、役所の中で１００回会議をしても分からない。何を民間に任せるかは役所で勝手に決めず、民間との対話によって決めることが重要だ。

■提案型公共サービス民営化

質で決めることと、民間との対話で決めることを基本にした提案型制度を全国で最初に実施したのは、筆者が市長を務めた我孫子市だ。２０１３年から兵庫県尼崎市も実施している。

我孫子市は２００６年5月、市が行う１１３１の全事業の内容や予算（人件費を含む）を公表し、自分のほうが市役所より良いサービスを提供できるという民営化提案を企業やＮＰＯなどの民間から募集した。委託、指定管理、ＰＦＩなど様々な手法を活用してもらう。提案は外部の専門家、サービスの受け手の市民、行政の三者で審査することにした。

コストが安いところに任せるとなると、この事業は本来、公務員がやらねばならないか、非営利団体ならば任せてよいか、営利企業にも任せてよいか、という議論が入口で必要になる。質が高いところへ任せるならば、例外なく全事業を対象にして募集できる。

我孫子市では２０１７年末現在で１２２件の提案があり、条件付きを含め55件が採用決定されている。民間の発想を生かし複数事業を一つの事業に再編成することも可能で、従来は個々に管理していた市の37施設を包括管理するという企業からの提案も採用されている。

■民間の手で奪い取ってもらう

市保健センターが行う出産・育児のママパパ教室には、２００６年に地域の助産師会から、企画と運営をすべて行いたいという提案があった。子育ち・子育て環境の整備は我孫子市がまちづくり戦略として力を入れている分野だ。首都圏の都市部にありながら保育園の待機児童ゼロも実現している。当然、このママパパ教室も質の高いものになっていると自負していた。

しかし、赤ちゃんの出産・育児については保健センターの保健師より助産師のほうがはるかにスペシャリストで、多くの臨床経験を持っている。提案書を審査して確実に質が高まると判断し、２００７年から助産師会に任せた。実際に一層充実した教室になり、市民から大変好評だ。

実は、助産師会では以前から市のママパパ教室を見て、「保健師も頑張っているが、本当なら自分たちがやったほうがずっと良い教室になる」と思っていたそうだ。それなのに市が抱え込んできたのだ。

提案型は、〈行政が出したいもの〉ではなく、〈民間がやりたいもの〉を民間に移す仕組みだ。行政の仕事をすべて店晒《たなざら》しにして、民間の手で行政の仕事を奪い取ってもらうのである。

■質の「ものさし」も民間から

ところで、質を測る「ものさし」はいろいろある。例えば、駅前行政サービスセンターでの証明書発行は、通勤者などが多く利用するので、１秒でも速く発行することが大事だ。しかし、高齢化が進んだ住宅地の行政サービスセンターでは、高齢者が迷わず、不安やストレスを感じることなく、必要な証明書を手に入れることが大事になる。求められる質は違う。

この質を測る「ものさし」を行政が一方的に決めて、質の競争をしてもあまり意味がない。「ものさし」自体を民間の発想で自由に提案してもらうことが大切だと考える。

提案型は、行政の一部分だけをＮＰＯと「協働」でやるための制度ではない。すべての分野において行政の在り方を根本から見直し、民間の力を生かした改革を進めるための制度である。

⑥ すべての補助金を廃止し、いちから決めなおす
――オープンな議論で既得権をなくす

■社会の質を高め、小さくする

今、日本中で「人口減少が大変」の大合唱になっているが、結局、従来の社会の仕組みをそのまま続けるには人口が減ると大変だ、と言っている場合が多い。そうではなく、人口減少の中で皆が幸せになる、持続可能な仕組みに変えることこそ必要だ。そのためには多くの分野で、質を高めながらうまく小さくすることが求められる。

例えば、これまでの大規模林業は森林破壊と原木の価格破壊を同時に引き起こしてきた。これに対し、自分で山を育て、地域のバイオマス発電やNPOとも連携しながら持続可能な範囲で営む新たな自《じ》伐《ばつ》型林業が注目されている。経済の仕組みを小さくして中山間地を再生する試みだ。

エネルギーも、火力や原子力で大規模に発電して広域に配る仕組みから、再生可能エネルギーを地産・地消していく仕組みにどれだけ移行できるかが問われている。

超高齢社会の医療・介護も、単に病院と介護施設を増やせばよいということにはならない。総合診療専門医をかかりつけ医とする地域医療の確立と、医療・介護が一体となった包括的ケアシステムが求め

られる。医療費や薬代を大幅に節約しつつ、皆がより健康で幸せに生きられる新たな仕組みづくりである。

公共施設も、周辺自治体との共有、複合化・多機能化、民間との連携などを徹底して進める必要がある。これにより、建物としての公共施設は思い切って減らしつつ、公共施設が地域の中で果たしてきた機能は維持し、質を高めていけると考える。

■既得権は切らなければならない

地域の仕組みを小さくするというのは、決して「切り刻む」ことではない。「新しく創造する」ということだ。ただ、様々な既得権に縛られていては新たな創造はできない。断固として既得権を切る必要がある。

既得権を切るとき、その当事者とだけ、その既得権についてのみ話しても、合意形成はほとんど不可能だ。しかし問題の構造をすべて明らかにして、より多くの人々で議論すれば、既得権を持つ人も含め合意をつくることができる。もちろんこれも簡単ではないが、これが改革の原動力になる。

私が我孫子市長を務めていたとき、市が民間（市民団体から各種法人まで含む）に出す補助金は、平均して年間7億円から8億円あった。

補助金は1回もらうと既得権になりやすい。右肩上がりでパイが大きくなっていった時代と異なり、補助総額は現状維持かむしろ縮小するという時代に、既得権を持つ人がもらい続けていたら、新しい人はもらえない。

しかし、新しい活動の中には時代を先取りするような、財政的に支援してもっと伸びてほしい活動が多くある。補助金を本当に必要なところに出すには、一切の既得権をなくすしかない。

■すべての補助金を一旦廃止

その一番確実な方法として、「1999年で今までの市の補助金は全部廃止」という宣言をした。一旦すべて廃止したうえで、補助金をもらいたいという団体を公募して、応募があったものを市民の補助金検討委員会で審査し、その結果に基づき2000年からすべて新しい補助金として出すことにした。

市が制度化している政策的補助金（保存緑地への助成金、家庭用太陽光発電への補助金、介護施設整備への利子補給など）は、市の担当課が応募して、市民からの応募と同じテーブルに載せ、市民の検討委員会で審査した。

検討委員会の委員は、日ごろから市民活動と行政の間に立って活動していた女性の行政書士、会計検査院ＯＢと他市の市役所ＯＢの市民、市内二つの大学から行政学と社会教育が専門の先生、以上の５人にお願いした。

これにより既得権は一切なくなった。応募のあった補助金111件を審査し、従来の補助金27件が不採択（統合を含む）になった。必要性が低くなっても既得権で出し続けていた補助金は全部整理できたと考える。

一方で、新規の補助団体が多く生まれた。子どもや芸術分野の新しいイベントの主催団体、福祉分野のNPO、まちづくり団体などだ。しかし、新しい補助団体が新しい既得権を持ったのでは何にもならないので、最長3年でまた廃止ということを繰り返している。

■すべてオープンにして議論

この制度を始める前には、あらゆる場で市民へ制度の趣旨を説明し、理解を得るようにした。既得権により以前から補助金をもらっている団体はもらい続け、新しい団体はどんなに良い活動をしてももらえないというのはおかしい、どこに補助金を出したらよいかオープンな場で議論しなければならない、と訴えると誰もが理解し、賛成してくれた。

実際に検討委員会の審査結果が出た後は、補助金をもらえなくなった団体から不満が出た。ただし、制度自体が間違っているという批判でなく、「市民の検討委員会は十分に自分たちの活動の意義が分かっていない」という批判が中心だった。

審査結果に納得できないこうした団体には、市民が傍聴できる「公開ヒアリング」の場で反論してもらう仕組みを設けた。その反論が認められ補助金が出るようになった団体もある。

例えば「我孫子市原爆被爆者の会」の補助金について、市民の検討委員会の審査では、市から出すのは不適切という結論だった。「過去の戦争が原因となった活動であり、自治体でなく国の責任で対応すべき」という理由からだ。

ただ理論的にはそのとおりでも、実際に国が我孫子市に代わって補助金を出すことは１００％ない。被爆者の会は公開ヒアリングで、「会員は全員高齢化していて、自己収入を新たに増やすのは不可能。補助金がなくなれば活動休止になる。しかし、被爆の後遺症の不安や病気と闘いながら生活していくには、会員間の相互扶助や交流はなくてはならない」と主張した。市はこれを認め、補助金の継続を決めた。

■市民合意が創造につながる

この補助金公募制度は、市民の税金を財源にした補助金を、どこに出せば本当に市民の幸せになるのか、良いまちづくりになるのか、オープンな場で行政と市民が議論して決定する仕組みだ。

補助金を30年間もらい続けている団体に、その補助金だけを取り上げて「時代が変わったから補助金をなくしたい」と相談しても、「時代が変わっても変わらぬ必要性がある」「新しい活動だってやっている」と反論され、まず合意には至らない。

しかし、補助金の全体像を市民に明らかにし、最も有効なあり方を多くの人たちで議論すると、その団体も含め合意をつくれるのだ。もちろん補助金がなくなった団体は、もろ手を挙げて賛成はしてくれないが、全体の状況がこうで、皆で議論した結果なら「まあ仕方ない」という納得までは得られる。この納得が次につながる

予算を切るだけなら、首長や議会の決断によってもできる。しかし、そこから市民の知恵を集めて新たなものを創造し、地域の質を高めていくには、市民全体の議論と合意が不可欠だと考える。

7 首長も、議会も、市民と直接結びつく
――これが自治体の二元代表制

■自治体の二元代表制とは

自治体は、住民投票などで「大事なことは市民が直接決める」という直接民主制が土台である。しかし、すべてを直接民主制で運営できるはずはない。その土台の上に、首長と議会の二元代表制を置き、日常は間接民主制で運営する。選挙で選ばれた首長と議会は、それぞれ市民に直接責任を持ち、自らの責務を果たさねばならない。

国は議院内閣制で、国会で多数を占めた与党が総理大臣を出し、内閣をつくる。そして内閣と与党が一体となって政権を運営し、内閣が提出する法案や予算案は、内閣と与党が十分に協議してつくり、国会では主に野党との論戦になる。

一方、自治体の首長は市民が直接、選挙によって選ぶ。市民は首長の選出を議会に委ねない。議会の最大会派が首長を出しているわけではなく、自治体議会には国会で言うような与党、野党は本来存在しない。

首長は、議会の「与党」と相談して予算案や条例案をつくるのではなく、市民から選ばれたのだか

ら、市民と相談して予算案や条例案をつくる（間接民主制における市民参加）。議会も市民から選ばれているのだから、市民の意見を聴きながら議論し、予算案や条例案が本当に市民の利益になるかを判断して、可決・否決・修正する。これが自治体の二元代表制の仕組みだ。

■市民参加を競い合う

ところが国のまねをして、議院内閣制の発想で二元代表制を運営している自治体が多いのではないか。例えば「議案をつくる際に一番大事にしているのは議会与党との協議」と言う首長は多い。一方で、首長が一生懸命に市民と対話し予算案や条例案をつくると、「議会軽視だ」と言う議員も結構いる。

議院内閣制と同じ発想で、自治体でも首長と与党の協議で議案を決めるものだと考え、首長が議会に提案する前に、その議案に自分の意見を反映させるのが議員の仕事であり、それをできるのが有力議員だと思っているようだ。

これは完全な間違いだ。内閣は憲法上、国会に責任を負っている。国会が国民を代表して行動する。自治体の首長は市民から直接選ばれ、市民に直接責任を負っている。議案をつくるとき、議員から意見を聴くのではなく、市民から意見を聴かなくてはならない。それが義務だ。議会は、それを議会軽視だなどと言っている場合ではなく、首長がやる何倍も、市民から直接意見を聴かねばならない。

首長も議会も自分の活動に市民参加を徹底して進める。「議会と首長部局とは、それぞれに住民参加を踏まえた活力を対抗させ合う緊張関係に立つことが期待される」（兼子仁著『新地方自治法』岩波新書）のである。

■予算編成過程を公開

私は我孫子市長のとき、予算案や条例案をつくるうえで「市長は議員でなく、市民の意見を聴く義務がある」と常々言っていた。だから、予算案を編成する過程も公開し、市民から意見を聴くことにした。各課が予算要求したら、その段階でホームページや行政サービスセンターで公開する。その後の予算査定の過程も公開し、市民のパブリックコメントを求めながら予算案をつくった。

この予算案を議会に出し、議会と徹底的に議論し、最後は議会が決める。「議会もきちんと市民の意見を聴いて判断してください」と言ってきた。条例案でも同じことだ。

こういうやり方にすると、議員は議案が議会に出て初めてその内容を知るのかというと、まったく違う。予算案も条例案も、つくるところから市民に公開しているのだから、議員も全部最初から知ることができる。予算案、条例案の策定中には定例議会も開催されるので、議員は意見があれば、議会の正式な場で言うことができる。

■オープンな場で議論

私は、議会に対し与党・野党の区別は一切しなかった。本来ないはずのものだからだ。さらに、市民に見えないところでの根回しや調整もしない。議会とはすべて、市民が見ている前できちんと議論してきた。

このため、議案に誰が賛成するか、反対するかは議案審議をしてみなければ分からない。何を出しても賛成してくれる会派、何を出しても反対する会派というものはない。会派の中で賛否が分かれることも珍しいことではなかった。

当然、否決される議案もある。私としては非常に不本意で、議会の出した結論は市民の利益に反すると思うことも多かった。しかし、客観的に見れば、我孫子市の議会が機能しているということだ。国政のように、議会の多数を占める与党から選ばれたわけではないのに、市長が出したものがすべてそのまま通るなら、究極、議会はいらないということになる。

■予算案を議会審議で修正

我孫子市の一般会計当初予算案も、私が市長だった12年間（1995～2007年）、ほとんど毎年、市議会予算委員会での審議結果で修正（自治法上正確に言えば原案訂正）となった。

全国の首長や「与党」議員の中には、予算案を少しでも変えられてしまうのは自分の名誉に関わる、指一本触れさせたくない、と思っている人が多い。実際にほとんどの自治体で毎年、原案どおり可決されている。しかし、首長は最善の予算案を出したつもりでも、議会には市民から選挙で選ばれた人が何十人もいて議論するのだから、違う考え方が出て修正になるのは当然だろう。我孫子市では当時、市長の私も議会もそう考えていた。

予算委員会で審議が一通り終了すると、市長をはじめ執行部は一度退席し、議員（予算委員）だけで、市長にどんな修正（原案訂正）要求するかを話し合う。その結果を、予算委員長らが市長に伝えに来る。ただし私は、たとえ予算委員の全員一致した要求であっても、すべて従うとは限らない。「これはどうしても譲れないので、だめなら否決されても仕方ない」と突っぱねることもある。

こうした場合、予算委員会で再度協議され、「それなら、せめてこう修正できないか」「別の方法でこうできないか」といった提案が出される。市長と予算委員会がキャッチボールをする中で修正内容が固まり、それに従って市長が予算訂正案を出し可決された（もちろんそれでも全会一致で賛成とはならない）。

議会側からの要求に対する市長の回答なども当然、正規の予算委員会の席上で行われ、その過程は市民にすべてオープンになる。

例えば2004年は、「契約更新する自転車駐車場の賃借料を5％引き下げる」「コミュニティビジネス起業センターのあり方を再検討するため、施設の賃借料を予備費に入れる」などの修正が行われた。

その政策議論の水準はまだ高いとは言えない。議会が市長の目玉政策をつぶそうとし、市長がそれを押し返し、引き続き検討することで合意する、といった展開も多かった。それでも自治体の民主主義としては当然の手続きであり、議論は深まったと考える。

市長がどんな考えで議案をつくり、議会でどんな議論があり、どう決まったのか、すべて市民に見えることが大事なのだ。

⑧

住民投票は自治の基本
──住民投票するかどうか市民が決める「常設型」条例

■住民投票は間接民主制に反する？

自治体は特定の重要政策について、条例に基づく住民投票を行って決定することができる。近年では、学校へのエアコン設置（埼玉県所沢市）、新庁舎建設の中止（長崎県壱岐市）、陸上自衛隊の配備（沖縄県与那国町）、指定管理による「TSUTAYA図書館」計画の撤回（愛知県小牧市）などが住民投票の結果を踏まえて決まった。

こうした住民投票に対して「選挙で選ばれた代表者が決めるべきで間接民主制に反する」という主張が繰り返し出てくる。確かに自治体では首長と議員を選挙で選ぶ。しかし、その代表者性は国会議員と異なっている。

国民は国会議員をリコールしたり、国会を解散させたりできないが、住民は首長や議員を住民投票でリコールできるし、議会を解散させることもできる。国の法律は、国民が法案をつくり国会に提出することはできないが、自治体の条例は、住民が条例案をつくって首長を通して正式に議会へ提案できる（以上の規定は地方自治法）。

また自治体の合併について、議会が法定合併協議会の設置を否決し合併を拒否しても、住民は一定の要件のもとで住民投票を行い、同協議会の設置を決めることができる（市町村合併特例法）。一つの自治体だけに適用する特別法への自治体同意は、首長や議会ではなく住民投票で決める（憲法95条）。

つまり自治体は、首長、議会、住民の三者がそれぞれ決定権を持ち、三者の緊張関係の中で運営していく。普段は、首長と議会が住民の意見を聴きながら決定するが、いざとなったら大事なことは、住民が直接決める。これが自治体の民主主義だ。

「議会が本来の機能を発揮していないから住民投票で補う」という見解もあるが、住民投票の意義を十分に表してはいない。間接民主制のみの国とは異なり、自治体は直接民主制が土台であり、その上に間接民主制を置いている。だからいざとなれば住民が首長の首を切り、議会を解散させる。住民投票は自治体民主主義の基本制度なのだ。

■「常設型」条例で実施の決定権を住民に

法律で定められたものだけでなく条例に基づく住民投票も、重要政策について住民が主権者の意思を投票によって示し、首長や議会の意思を是正する大切な手段になる。であれば、首長や議会の意思と住民の意思が異なると住民が感じたとき、住民投票を実施するかどうかの決定権は当然、住民側が持つ必要がある。

しかし、何か問題が起きてから個別の住民投票条例の制定を住民が議会へ直接請求する場合は、それを審査する議会が住民投票を実施するかどうかの決定権を持つ。議会の意思に住民が異議を唱えるような住民投票を求めるケースでは、住民投票条例は否決されることが多い（約8割否決）。

これに対し、あらかじめ住民投票実施の手続きを条例で定め、いざというとき首長や議会が拒否できないようにしておくのが常設型（実施必至型）制度だ。

我孫子市は私が市長だった2004年、常設型の「市民投票条例」を制定した。投票資格者（18歳以上、永住外国人を含む）の8分の1の署名により請求があった場合、市長は必ず住民投票を実施しなければならない。住民投票の対象となり得るのは、「市および市民全体に重大な影響を与える具体的政策」だ。特定の地区や個人に限られる問題は除く。

条例による住民投票は、法律に基づく住民投票と異なり、結果がただちに自治体の決定にはならず、それを受けて首長や議会が決定するので「法的拘束力」がないとも言われる。

しかし、もし住民投票の結果が市長や議会の意思と違ったら、市長や議会は投票結果を尊重して、自らの意思を変えて決定しなければならないという尊重義務を条例で課すことができる。事実上、住民が直接決める制度なのだ。主権者として住民が投票で示した意思は、首長や議会にとって非常に重い。

■住民投票の成立要件

東京都小平市で２０１３年、雑木林を伐採して整備する都道の計画見直しを問う住民投票が行われた。しかし、条例に投票率50％以上という成立要件が定められ、35・２％でこれに達しなかったため、不成立となった。そして５万１０１０人の投票は開票されないままになった。

我孫子市の条例では、投票率50％の成立要件は設けていない。劣勢と見た側がボイコット（棄権）に向かう可能性があるからだ。かわりに、過半数を占めた投票が全投票資格者の３分の１以上という絶対得票率での成立要件を定めている。必ず開票し、成立すれば尊重義務があり、成立しなければ参考結果となる。

■十分な対話が投票の前提

もちろん、ただ住民投票を行えばよいというものではない。例えば、賛成・反対、双方の住民がパネリストになってシンポジウムを開き徹底討論する。それを多くの住民が聴き、それぞれがさらにいろいろな場で、より多くの人と議論する。そして最後は、多数決で決めることをお互いが納得して住民投票を行う。こうなれば民主主義は深まる。投票率も高まるだろう。

逆に賛成と反対のグループは互いに顔を見るのも嫌で、議論どころか口もきかない。こんな状況で単に多数決によって決着をつける住民投票は、数で勝てそうな側が自分の主張を通すのに都合のよい政治的手段でしかない。負けた側はいつかひっくり返してやろうと思い、民主主義は深まらない。

また、Aの意見とBの意見が対話して、Cという新しい合意が生まれる可能性があるのなら、AかBかで住民投票をやってはいけない。Cの合意が生まれる可能性をつぶすことになる。

■責任負うのも住民

住民に最も近いところで住民生活に大きな影響を与える自治体の意思決定は、国政の問題よりもずっと、住民が直接情報を得て、自ら判断しやすい。

国が、国民の要望が強い項目順に経済政策をやると日本経済が良くなるということはないだろう。外交なども同様だ。選挙で選んだ代表者（議員）の専門的判断に任せるしかない。そして結果が悪ければ、選挙で代表者を交替させる。

一方、自治体で、例えば道路整備を優先するか、小中学校の校舎改修を優先するかは、住民自身が直接目で確かめたり、肌で感じたりしながら、互いに議論して結論を出していける問題だ。もちろん将来を見据えて熟慮し、総合的に判断しなければならない難しい問題である。学校改修を優先した結果、道路がボロボロになり、将来、地域経済が打撃を受けるかもしれない。しかし、その責任を負うのもまた、住民自身なのである。

個別の住民グループの主張は、一面的な情報に基づく意見や感情的な反対論が前面に出ることがある（首長や議会はこれらと真摯に向き合うことも大切）。しかし、住民投票を通して多くの住民の判断により公共的な意思が形成されるときには、すべて完全に正しいと言うつもりはないが、「案外」大事なことを見抜いた判断になるし、バランスのとれた選択になる。

主権者としての意思を示す方法として、私たち住民も、議会も、首長も、もっと住民投票に習熟し、当たり前に使いこなせる力を身につけることが必要ではないか。住民投票が民主主義を深める手段として本物になったとき、地方自治も本物になる。

＊

この本では基本的に「市民」という言葉を使っています。市民社会の構成員という最も普遍的な意味の「市民」です。

ただし、この章の本文では、国と自治体を比較する場合が多いので、国―国民、自治体―住民として、憲法や地方自治法上の用語である「住民」を使っています。住民、国民いずれの表現を用いても、「市民」と変わりありません。

⑨ 建て前だけの平等を超え、女性が社会を変える

■女性議員比率は世界で158位

1946年の衆議院議員選挙において女性が参政権を日本で初めて行使してから70年以上が経《た》った。46年の衆院選では当選者の女性割合が8・4%だった。そして現在は10・1%。70年前とほとんど変わっていない。市町村議会では、いまだに2割が「女性ゼロ」議会だ。

世界の議会が参加する「列国議会同盟(IPU)」が2018年3月に発表した各国の下院に占める女性議員比率で、日本は193か国中158位。いわゆる先進国の中で最下位だ。例えばスウェーデンは43・6%、フランス35・4%、アメリカ19・7%、韓国17・0%である。

2018年5月、日本でも「候補者男女均等法」が成立した。国政や地方選挙の候補者が男女均等になることをめざす法律だ。強制力はないものの、政党の目標実現に向けた努力を市民が厳しくチェックしていけば、現状を変える力になるだろう。ただし、この法律に頼るだけではだめだ。とくに一般の市町村議会は無所属候補が中心であり、政党に努力を求めても直接の効果は少ない。

もともと立候補の権利に男女の差別はない。選挙に限らず、日本は公式な制度において、再婚禁止期間など一部を除き男女平等になっている。しかし実質においては、男性優位の意識や労働慣行、性別に

よる固定的な役割分担が根強く社会を支配している。ここから変える必要がある。

■男女混合名簿導入の攻防

私が我孫子市長を務めていたとき、1999年に策定した「我孫子市男女共同参画プラン」に基づき、市内の小中学校に男女混合名簿（クラスの児童・生徒の名前が50音順に男女入り混じって並ぶ名簿）を導入することになった。

今でこそ混合名簿が当たり前だが、当時は男子が先に並び、女子が後に並ぶ名簿が当たり前で、周りの自治体に先駆けての取り組みだった。

学校現場のことなので、私は教育委員会の担当者に理解と協力を求めた。すると担当者は、体育など男女別々に行う授業があるので、名簿が混合だと現場が混乱すると主張した。

私は納得できなかったが、教育委員会がどうしても無理だと言うので別の提案をした。男女を分けたままの名簿でよいが、すべて男子が先はおかしいので、1、3、5年の奇数学年は女子が先、偶数学年は男子が先の名簿にするという案だ。学校に男女差別の意図は少しもないという説明だったので、これでまったく問題ないはずだ。

ところがこの提案から数日経って、男女混合名簿は可能であると、急に教育委員会の見解が変わった。「女子が先になるくらいなら混合名簿のほうがまし」ということなのかと疑わざるを得なかった。

■問われる本気度

私が消費者庁長官を務めたときには、内閣府の人事で、女性が男性より昇進・昇格が後れている実態が目立った。差別があると言わざるを得なかったが、内閣府は男女共同参画社会基本法を所管する役所のはずだ。私は、内閣府から消費者庁に出向している職員の人事で、内閣府から要請された差別的な昇進・昇格を断固として拒否したことがあった。

行政は男女平等や男女共同参画を建て前にとどめ、差別の実態には踏み込まないことが多い。自治体の男女共同参画もその本気度が問われている。

現実の差別に踏み込むには、普通の言葉で分かりやすく語ることが大事だ。「『男だから』『女だから』という理由で、本人が望まない役割を社会的に強制されたり、『女のくせに』『男のくせに』という理由で、本人がやりたいことが社会的に阻害されたりしない社会をつくる」——これは、2006年に制定した我孫子市男女共同参画条例の前文の一部だ。実はこの部分は私が直接書いた。「男女が均等に政治的、経済的、社会的及び文化的利益を享受する」（男女共同参画社会基本法2条）と書くより、建て前だけであいまいにしたり、ごまかしたりできないと考えたのだ。

それだけに条例に対する反発も強く、当時の我孫子市議会は30人中12人（40％）が女性議員だったにもかかわらず、条例は小差でギリギリの可決だった。少し意外だったのは、若手の男性議員の反対が強かったことだ。自らの思想信条から反対した女性議員も少数ながらいた。

■女性だけの市職員採用

また、我孫子市では２００２年から３年間、36歳から45歳までで民間企業などの経験が５年以上ある女性に限った正規職員採用を、通常の採用とは別に行った。その後は、男女とも通常採用を45歳までとした。

我孫子市役所は当時、これから管理職になっていくこの世代の女性職員が極端に少なかった。原因を調査してみると、現在では考えられないが、１９７５年から10年間ほど、一般事務職員の受験資格を男性に限定していたことが分かった。

そこで、過去の差別を是正する「ポジティブアクション」（男女雇用機会均等法８条）として、この期間に新卒であった年齢の女性に限った職員採用をあらためて行ったのだ。「過去の採用は良くなかった。現在は適切に行っている」で済ませず、もう一歩踏み込んで是正までするものだ。

また、本来ならば女性も男性も希望すれば仕事と子育てを両立できる環境でなければならないが、現実には子育てなどのため退職する女性は少なくない。退職するのは99％女性だ。

子育てが一区切りついた時期に、女性が自分の能力や経験を生かしてもう一度仕事を始めようとしても、パートや派遣社員などにとどまることが多い。こうした女性に正規雇用での本格的な仕事復帰の道を開こうというのが、女性職員採用のもう一つのねらいだ。

２００２年は、２人採用に対して全国から６５２人が受験。いかに仕事への本格復帰を求めている女性が多いか再認識することになった。翌年からも各職種の中で最高の倍率であった。そして通常の採用では得られないような人材を採用できた。

男性職員としては、この取り組みが市役所を活性化させると考える前向きな意識と、優秀な女性が外部から入ってくると、その分、管理職になれる男性の数が減ってしまうから困るという後ろ向きの気持ちが、一人の中に同居していた。市議会では若手男性議員から、年齢が高い女性を採用すると「就職が必要な若い男性の採用が減ってしまうから反対」という意見も出た。

こうした本音の議論から逃げず、きちんと乗り越えることが大切だ。

■女性が新しい生き方を拓《ひら》く

最近は電車の中でも、ごく自然にベビーカーを押したり、赤ちゃんを抱っこしたりする若いお父さんの姿を見かけるようになった。素敵な光景だ。ただ、「育メン」という言葉があること自体、男性の子育てがまだ当たり前になっていない証拠だろう。

中央官庁で男性エリート官僚が会議を中座して子どもを保育園に迎えに行くと、「○○君は育メンやってて偉いね」と皆が称賛するが、女性が中座すると「だから女に大事な仕事は任せられない」となる。女性からのこうした指摘はそのとおりだと思う。

むろん多くの女性は、子育てや家事から切り離され、会社人間としてボロボロになって働くことを望んでいるわけではないし、人口減少時代の労働力不足を補うための「活用」の対象になりたいわけでもないはずだ。

女性こそがワーク・ライフ・バランスのとれた新しい働き方、生き方を示してほしい。それをモデルに男性が自分の在りようを変えていくようになれば、もっと皆が幸せな社会に変わる。経済も一人ひとりの生活の豊かさを基礎とした「成長」が実現できるのではないか。

国会においても、また自治体議会においても、当たり前に女性が半数を占める日が早く来て欲しい。

⑩ 首長の多選やめるのは自治の知恵

■権力者であるという自覚

首長は独任制の執行機関であり、役所の各部局はその補助機関に過ぎない（もちろん役割は大きいが）。したがって首長は、行政機関の意思を最終的には一人で決定し大きな権力を持つ。

私は我孫子市で市長を務めたとき、自分は権力者であるということを強烈に意識した。

もちろんこれは、権力を持ち威張るという意味ではない。権力を持って威張るのは、単なる醜い愚かな権力者だ。他方、「私は自分を権力者だと思ったことはない」「私は普通の一市民と同じ」と言う首長もいる。実際に権力を持って行使しているにもかかわらず、その自覚がないのは、極めて「危ない権力者」だと考える。

権力は言うまでもなく、もともと自分が持っていたものではない。市民から負託されたものである。そして権力は「危険物」だ。市民から負託された「危険物」を市民のために正しく使う。これが首長の仕事なのだ。

この仕事を正しく行うには、権力を行使するとき絶対に誰とも特別な関係にならないことが重要だ。とくに選挙でお世話になった人と、特別な関係になってはいけない。

さらに、絶対に裏で物事を決めてはいけない。たとえどんなに良いことであっても裏では決めない。すべて表で決める。議会との関係も同じで、すべて市民の見ている前で議論することが大切だ。

■首長の交代で、バランスのとれたまちづくり

私は、3期12年で市長を自ら退任した。「市長を続けてほしい」という署名運動が自然発生的に起こり、何千人もの市民から要請を受けた。このこと自体はとても光栄で、涙が出るほど嬉《うれ》しかった。しかし、最初の意思どおり4期目は立候補しなかった。

首長は冒頭述べたとおり独任制の執行機関だ。一人で大きな権限を持ち、首長の思想や政策、あるいは個性によっても、行政運営やまちづくりは大きく変わる。それ自体は良いことだ。誰がやっても同じなら、選挙でわざわざ選ぶ意味がない。

ただ、権限と影響力が大きいだけに、一定期間ある人が首長を務めたら次は別の得意分野を持つ人がやり、その人がまた一定期間務めたら次は別の個性を持つ人がやる、というほうが長期的に見てバランスのとれたまちづくりになると考える。こうした交代は、一つの「自治の知恵」と言える。

確かに首長の交代により、ある分野では先進的な取り組みが後退したり、せっかく進んだ改革が停滞したりするかもしれない。しかしそれでも長い目で見れば、いろいろな得意分野を持つ人、いろいろな個性を持つ人が地域経営を担うことでバランスがとれる。そのメリットは大きい。

同じ人が長く首長を務めると、様々な癒着の構造が生じるとも言われる。しかし、長くやると癒着するような人は、もともとそういう体質を持っており、はじめから首長をやらせないほうがよい。10年、15年目から突然癒着が始まるのでなく、当初からの傾向が長くやると顕在化するのだ。

私は4期やろうと5期やろうと、誰とも癒着しない自信はあった。それでも3期で辞めたのは、よりバランスのとれたまちづくりを実現するためだ。

したがって、次の市長に望んだのは私の継承ではなく、私とは別の能力や得意分野を生かして、私にはできないようなまちづくりを展開することだ。もちろん、私の市長時代の良いところはしっかり継承してほしいと思うが、私の継承なら私が自分でそのままやるのが一番確実だ。

だから、私の基本方針や重要政策を変えてもらって構わない。ただし、どう変えるのか、なぜ変えるのかをきちんと市民に説明する必要がある。当然、良く変えてほしいが、良くなったかどうかを判断するのは市民だ。

■「やり残した課題」を多選の言い訳にしない

ところで、私は3期で辞めることを自分の中では決めていたが、とくに選挙公約やマニフェストとして公表しなかった。

逆に最初の選挙の際、「3期まで」を積極的にアピールしていた首長が4期目も出馬するケースが見られる。これを批判するつもりはないが、なぜ考えを変えたのか、やはり市民にしっかり説明する必要がある。

その際、「やり残した課題がある」と言うのは説得力に欠ける。私は3期やったうち課題が一番多く残っていたのは3期目の終わりだった。残した課題が一番少なかったのは1期目の終わりだ。どんどん新しいことにチャレンジしていけば、やればやるほど取り組み途中の政策課題は増える。課題が残っているからもう1期と言い出したら、死ぬまでやるしかない。

もし、首長が「やり残した重要課題はない」と言う自治体があるとすれば、その自治体はチャレンジを忘れて時代から取り残されているだろう。

■独裁者は期限付きでなければならない

三重県知事を務めた北川正恭氏の「首長は独裁者でなければならない。そして独裁者は期限付きでなければならない」という言葉も説得力がある。

もちろん独裁者というのは、市民に対してではなく役所の中でという意味だ。首長はただ一人、市民から選挙で選ばれた存在として役所に入る。首長が、最終的な行政の意思決定を役所の中の多数決でやるわけにはいかない。当然、最終決断するまでには職員との自由な徹底した議論が大事であるし、その中で自分の考えが間違っていると気づいたら躊躇《ちゅうちょ》なく改め、市民に丁寧に説明しなければいけない。

しかし、市民と約束したことが「多数の職員が反対したからやれませんでした」というのは許されない。全職員が反対でも、最終的に首長が正しいと思ったら、首長の責任で決めなければならない。そういった意味で独裁者だ。そして独裁者は、期限付きでなければならない。

⑪ ローカルマニフェストを再考する
――内容と質をどう高めるか

■マニフェストはなぜ不可欠か

自治体では、いざというとき、大事なことは、住民投票などで市民が直接決める。だが日常的には、市民から選挙で選ばれた首長と議会が中心になり自治体を運営する。首長と議会を選ぶ選挙が重要なのは言うまでもない。自治体運営に主権者である市民の意思を反映させる基本手段だ。

この選挙においては、具体的で達成したかどうか検証可能な公約「ローカルマニフェスト」が不可欠だ。選挙が単なる人気投票であったり、雰囲気だけに左右されたりしたら、選挙を通して市民の意思を自治体運営に反映させることはできない。しかし、最近の首長選挙を見ると、ローカルマニフェストは率直に言って影が薄れている（ここでは政権公約である首長マニフェストを中心に論ずる）。

ある地方都市で２０１６年、「○○市を世界一元気なまちに」という公約を掲げた候補者が市長に当選した。元気になるのは誰も反対しないだろうが、人口減少社会における元気なまちとはどんなまちなのか？　子育て支援や企業誘致など一般的公約も並ぶが、「世界一元気」の中身は見えない。

単に人がたくさん集まって賑《にぎ》やかという意味ではないはずだ。それが基準なら、そもそも東京や大阪にかなわない。何が元気なのか漠然としていては、4年後、公約が実現したのかしないのか分からない。これでは困る。

ローカルマニフェストで、地域づくりの理念と将来像をしっかり示し、さらに、その将来像を実現していくための政策や事業について具体的タイムスケジュールや財源を示す。それを市民が選挙を通して選択してこそ、市民が選挙で行政をコントロールできる。

■年限、財源より将来像を示せ

一方で、マニフェストとは具体的な事業と年限、財源が入っている公約集であるという一面的な理解が広がっている。ある首長候補者のマニフェストに「グループホームを10か所つくる」という項目があるとする。建設年次のスケジュールも財源も掲げられていて、一見完璧なマニフェストに見える。

しかし、グループホームを10か所つくることでどんな地域を実現したいのかどこにも書かれていない場合がある。特別養護老人ホームの待機者が多い中、10か所グループホームができると、どこにも行き場がない認知症の人が半分になるのか、ゼロになるのか。あるいは、特別養護老人ホームに入所している人が、より地域の中で暮らせるようになるのか。10か所の意味を示さず、10か所という数字と年次や財源が入っていても、市民は実際のところ良し悪しを判断しようがない。

むしろ、行き場のない人を半分にする、ゼロにするという目標を提示したほうが、数字の具体性は弱く見えても、市民にとって分かりやすく選択の基準になる。示した目標の達成のため何か所つくればよいかは、首長になってから精査して決定するということもあっていいだろう。意味が明確でない数字を示し、それに縛られるのでは誰の利益にもならない。

マニフェストで一番大事なのは、地域づくりの理念を明確にして、地域の将来像を示すことだ。まち全体、あるいは分野ごとの将来像があってこそ、それを実現するための具体的な政策や事業が出てくる。さらにそれをどういう年限や財源でやるのか、という筋道になる。

■4年間同じでは困る

マニフェストは、当選してからなるべく任期中変えないほうがよいという誤解もある。もちろん理念や将来像は変わらないと考えるが、具体的な事業や数値は、常により良く修正していかねばならない。一度選挙でマニフェストを出すと4年間変えられないのでは、進歩が止まる。この変化の激しい時代に4年間、具体的なことが変わらないのはおかしい。毎年見直し、変えたら、なぜ、どのように変えたのか、市民へしっかり説明責任を果たすことが重要だ。

また、自治体は二元代表制である。国では議院内閣制の下、国会で多数を占めた政党が内閣をつくり、立法と行政両方の主導権を握るが、自治体首長は予算や条例の決定権を持たない。首長マニフェストは、やはり市民から選ばれ議決権を持つ議会の意思により、実行に移せない場合が当然ある。

もし首長のマニフェストがすべてそのまま実行されたら、議会は単なる追認機関だったことになる。さらに、冒頭述べたように、住民投票などで市民が首長の意思を変更させることもある。

議会や市民との議論の結果、首長マニフェストが実行できなかったり変更になったりした場合、その過程が市民にすべて見えることが大切だ。そして首長は、当然ここでも市民全体に説明責任を果たすことが求められる。

■達成度を評価するだけでは不十分

以上のようにローカルマニフェストをとらえ直せば、当然、マニフェスト評価の視点も変わる。従来のマニフェスト評価は、達成度（進捗状況）の評価が中心であった。前述の例で言えば「グループホーム10か所整備」というマニフェストの評価は、10か所つくっていれば満点で、5か所しかつくれなければ半分しか達成できなかったという低評価になる。

しかし大切なのは、将来像である。もし予防事業が効果的に進んで認知症高齢者の増加を抑えることができ、5か所のグループホーム整備で対象となるすべての人が住み慣れた地域で暮らせるようになったなら、それは半分の予算で目標を達成したわけで高く評価できるはずだ。もしも10か所つくっていたら税金の無駄遣いだ。

逆に、10か所整備しても行き場のない高齢者がたくさん存在するなら、見通しを誤ったのかもしれず、少なくとも満点にはならない。

また、これからの人口減少社会における地域づくりの基調は量的拡大ではない。いかにうまく小さくし質を高めるかだ。しかし実際には、まだまだ量的なサービス拡大、公共施設の拡大を掲げた選挙公約も多い。こうしたマニフェストの達成度が高いからといって、高い評価にはならないだろう。

マニフェストに掲げたものが本当に市民生活の向上につながったのか、まず検証する必要がある。これを抜きに達成度だけに焦点を当てると、選挙での市民の選択を誤らせる危険がある。

■ローカルマニフェストを生かし直す

マニフェストへの一面的な理解によって個別の数値ばかりが独り歩きしてしまい、マニフェストは結局守られない、あるいは硬直化をもたらすとして、ローカルマニフェスト自体を否定する風潮も広がってきた。

しかし以前のように、曖昧で聞こえの良い公約ばかりで、市民は「どうせ公約は選挙の時だけの方便」とあきらめる、実現したかどうかは誰も問題にしない、といった状況に戻っていいはずはない。

ローカルマニフェストによる選挙には大きな意味があった。それを否定してしまうのでなく、もう一度根本的に内容と質を高めて、次の段階に進んでいかねばならないと考える。

⑫ 自治体の「立憲主義」と自治基本条例

■自治体にも憲法が必要

日本国憲法は２０１７年、施行70周年を迎えた。国民が憲法によって政府を縛るという「立憲主義」が、２０１５年からの安全保障関連法をめぐる議論を通し、多くの国民に意識されたのは意味あることだったと言える。

立憲主義は民主制の根本原理であり、当然、地方自治の中でも重要になる。自治体行政も権力であり、地方政府として確立するには、市民がその権力を縛る自治体の憲法が必要になる。

２０１８年２月までに全国約３７０の自治体で「自治体の憲法」と言われる自治基本条例が制定されてきた（ＮＰＯ法人公共政策研究所ウェブサイトより）。自治基本条例が自治体の憲法であるならば、その基本的性格は、主権者である市民が、首長と議会（地方政府）を縛るものでなければならない。

自治基本条例で定める「互いの意見の尊重」「行政サービス費用の負担」などの「市民の責務」の条項は、その範囲で行政が市民に求めることを市民が許したものと理解するのが適当だろう（憲法の国民の義務も同じ）。

「協働」の条項も、市民とまちづくりで「協働」するならこういうことを守るようにと行政へ義務づけたもの、あるいは、その範囲なら市民に連携・協力を求めてもよいと市民が行政に許したものだ。自治基本条例によって、まちづくりにおける役割分担を市民に押し付けるわけではない。

■市民が首長と議会を縛る

市民が首長や議会に対し新たに何を縛ったのか、これがそれぞれの自治基本条例の特長となる。ただ残念ながら、このことを意識して制定された自治基本条例は多くないように思う。

何も新たに縛るものがなく、地方自治法に書いてある内容を、今風の言葉で格好良く書き直しただけの条例はアクセサリー条例で、制定してもあまり意味がない。制定しただけで眠ってしまっている自治基本条例が結構あるのは、これが一つの要因ではないか。

例えば住民投票の条文が入っていても、内容は「有権者の50分の1の請求があれば議会がその実施を決めることができる」となっている条例がある。結局、市民の請求を認めるか認めないかは議会が判断する。こんな条文はあってもなくても、地方自治法に基づき同じことができる。

自治基本条例で定めるなら、有権者の請求数のハードルを上げるとしても、条例に基づく市民の請求があれば必ず住民投票を実施するよう首長と議会に義務付ける必要がある。そうしてこそ市民が首長と議会を縛ったことになり、自治基本条例で定める価値がある。

そして、主権者である市民が、首長や議会を縛る自治基本条例を実際に有効に使って、自らの意思を反映した地域づくりを進めてこそ、自治基本条例が本当に輝くことになる。

■否決された自治基本条例案

私が我孫子市長のとき、首長と議会を縛る条項を満載した自治基本条例案を、市民と議論しながら2年間かけて作成した。そして2006年9月の市議会に提案したが、同年12月の議会で否決された。条例案策定委員会には市長が毎回出席し、市民委員と条文を一条一条つくっていった。市民シンポジウムやタウンミーティングなども16回開催。「市民等」に市内で働く人、学ぶ人も加えるといった基本的なところから議論を深めた。

我孫子市の条例案の特長的な条項を少し紹介しておく。

○子どもの参加する権利

子どもは大人から保護される権利を持つだけでなく、国連子どもの権利条約を踏まえ、年齢に応じ一人の人間としてまちづくりに参加する権利を持つことを明記した（6条）。

○市議会で市民の苦情を受け付け

市議会に、行政に対する市民の苦情を受け付け、調査する機関を置くことを定めた（9条）。議会にこうした窓口があれば、身近に知り合いの議員がいない市民も、困り事を議会に取り上げてもらいやすい。また、個々の議員が支持者から要望を聴き、多少無理なことでも行政に働きかけるのではなく、議会が、「これだけ市民から苦情が来ている」という事実を踏まえ、行政に改善を求める政策的な議論を行えるようにするのが狙いだ。

○議員定数への市民意見

市議会は4年の任期中、必ず一度は市民から定数について意見を聴かねばならないことを定めた（10条）。

市議会議員の定数は条例で定められており、市議会が決定する。しかし本来は、選ぶ側の市民が、自分たちの代表は何人が適切か決めるものであるはずだ。そこで、市民の意見を聴くことを議会に義務づけた。

○市長候補者のマニフェスト

市長候補者は、政策の理念と目標を明確にして、達成したかどうか検証可能な具体的な公約を作成するよう努めることを定めた（13条）。

市民が市長選挙を通し、地域づくりの理念や基本政策をより的確に選択できるようにするのが狙いだ。マニフェストによる選挙が定着することを期待した。

○市長は連続3期まで

市長は連続3期を超え在任しないよう努めることを定めた（14条）。

まちづくりにおいて市長の得意分野は伸びる。多様な人材が市長を務めるようにして、長期的に見てバランスのとれた都市経営の実現を狙っている。

○市民の条例案づくりを支援

10人以上の市民のグループが求めれば、市の政策法務室が市民による条例案づくりに技術的援助を行うことを定めた（27条）。

地方自治法で、市民は条例の直接請求権を持つ。市民が自らの手で条例案をつくり、直接請求しやすくすることが目的だ。

○市民投票の年齢引き下げ

すでに制定していた常設型の我孫子市民投票条例（8参照）を、あらためて自治基本条例に位置づけた。さらに投票テーマによっては子どもも投票資格を持つことを定めた（28条）。

我孫子市民投票条例では、8分の1の市民から請求があれば必ず市民投票を実施せねばならず、市長と議会に投票結果の尊重義務を課している。追加した子どもの投票資格は、6条の「子どもの権利」を受けたものだ（現行の条例は一律18歳以上）。

この我孫子市自治基本条例案は、市議会本会議において11対16で否決された。とくに市議会定数の条項に対し多くの議員から、「定数は条例で議会が決定するもので、市民の意見を聴く手続きの義務付けは不当」との批判があった。しかし、まさに市議会定数は条例で定めるため、議員が自らの身分に関わる重要事項を自分たちで決めることになる。市民の意見を聴くのは当然の義務と考え、私は条例案の訂正を断った。

我孫子市は、常設型市民投票条例の制定や様々な市民参加の実践を先行させてきた。自治基本条例案が否決されたからといって、これまでに確立してきた市民の権利が後退するわけではない。しかし、自治体の憲法として体系化できなかったのは残念だった。

■自治体の自立のために

現在進んでいる安倍政権の「地方創生」は、国が上から自治体を審査し、国の方針に沿ったところへお金を出すものだ。そうすると自治体は、市民と知恵を出し合い地域が良くなるにはどうしたらよいか自分で一生懸命考えるより、どんな計画を立てれば国からＯＫが出て、どんな事業をやれば国から交付金がもらえるのかを考えるようになる。結果として、市民や地域ではなく国のほうばかり見る自治体が増え、自治体における自治・分権の機運は急速に失われている。そんな中で自治基本条例の取り組みも全体的に大きく後退している。

しかし、自治体の真の自立なくして地方の再生はない。国の下請けではなく、市民の意思で動く自治体が必要である。もう一度、立憲主義の視点で、自治基本条例について議論を深める必要があると考える。

⑬ 議会に問われる議員間討議と市民参加
――栗山町議会基本条例の魂は伝わっているか

■もう一つの自治体憲法、議会基本条例

⑫で自治基本条例について書いたが、もう一つの自治体憲法が議会基本条例だ。北海道栗山町議会が２００６年５月、全国で初めて議会基本条例を制定してから10年以上が経った。

２０１７年７月までに８００近い自治体で議会基本条例が制定され（自治体議会改革フォーラムウェブサイトより）、全国へ広がっている。しかし、栗山町の条例の魂は本当に伝わっているのだろうか。制定が単なる議会改革のポーズでは困る。

議会基本条例は、主権者である市民が議会を縛るもので、議会運営の基本と議会に対する市民の権利を定める。もちろん具体的内容はそれぞれの自治体が工夫するものだが、栗山町の条例の核心は何か、もう一度検証しておく必要があると考える。

■議会は市民合意をつくる場

議会の最大の役割は「市民の合意をつくり出す」ことだ。あらゆる問題を常に市民が深く議論し、住

民投票で決めるわけにはいかない。そこで議員を選び、市民の様々な立場や利益を反映した議員が議論し、市民全体の利益はどこにあるか決定する。

首長は一人しかいない。だから、自分の支持者の立場や利益で動くことは一瞬もあってはならない。選挙で対立候補に投票した人を含めたすべての市民の首長であり、常に市民全体の利益がどこにあり、市民全体の合意をどうつくるかを考えて行動する。

一方、議員は一般に何十人かいる。まず自分の支持者の立場や利益を主張することから始めてよい。それは議員の重要な役割だ。ただし、そこから議員同士が徹底して議論し、そのうえで決定し、市民の代表として合意を形成する。この合意で首長（行政）を動かすのだ。

しかし現実は、最後まで個々の議員が自分の支持者の要望を首長・執行部に迫るだけということが多い。議会の大部分は議員と首長・執行部との間の「質問―答弁」であり、議員間討議はほとんど行われていない。

右肩上がりの時代は、順番はつけるとしても各議員の要求の多くを実現できた（結果として膨大な無駄と借金をもたらしたが）。しかし、人口減少社会において地域の質を高めていくには、何をやり（何に集中し）、何をやめるかの判断が求められる。議員間の討論で、その合意をつくらねばならない。

議会は行政の「監視機関」と言う人がいるが、議会は自治体の「意思決定機関」だ。条例、予算、重要な契約などすべて議会で議決する。そのうえで議会は、首長（行政）が議会の決定に基づき、その趣旨を生かして仕事をしているか、意思決定機関として行政を監視するのである。

■議員間討議こそ中心

監視機関なら、それぞれの議員が支持者の意見を踏まえ、首長や執行部を追及したり要求したりして監視できるかもしれない。しかし合議制の意思決定機関なら、構成員同士、つまり議員同士がきちんと議論しないと意思決定できない。大多数の議会は監視機関の運営になっているのではないか。

栗山町議会基本条例は、議会は「議員による討論の広場」であり、「議長は、町長等に対する本会議等への出席要請を最小限にとどめ、議員相互間の討議を中心に運営しなければいけない」と定めている（9条)。まさにこれが、自治体議会に求められる議会運営の基本だろう。

しかし、栗山町以外の条例では「議員間の討議を重んじる」とは定めても、「議員間の討議を中心に議会を運営する」とまで踏み込んだものは少ない。

■議会への市民の参加は「権利」

さらに栗山町議会基本条例は、議会を「議員、町長、町民等の交流と自由な討論の広場」と規定している（2条3項)。

議会が意思決定機関なら、その意思決定する場にこそ、市民は参加の権利を持たねばならない。利益誘導の政治であれば行政の執行が重要だが、民主主義であれば、まずは決定が大事だ。

市民は自分の支持する、あるいは身近にいる議員としっかり話し、議員はその意見を議会に持ち込み議論する。こうした市民と議員の関係もさらに充実させる必要がある。

しかしそれだけではなく、議員間の討議の場へ直接、市民が参加することが不可欠だ。市民として「自分が支持していない議員へも意見を言いたい」「支持していない議員が何を考えているのか聞きたい」と求めるのは当然の権利である。

また議員にとっても、自分の支持者でない市民と公式の場できちんと向き合って議論することがとても大事だ。それによって議員の質が高まる。

つまり「機関としての議会」への市民参加が必要であり、市民が議会の公式な会議に正式に出席して、議員と侃々諤々《かんかんがくがく》の議論をすることが重要なのだ。

栗山町議会では、本会議と委員会以外に、町民と議員が議論するための「一般会議」を議会基本条例で設置している（4条2項）。また全国で最初に、全議員が担当して町民への議会報告会を開いた。何かの条例を制定した場合、条例案を提案したのは町長でも、決定したのは議会だ。議会が決定者として町民への説明責任を果たしながら、町民と様々な意見交換をしている。

■請願・陳情は市民の政策提言

市民が請願・陳情を議会に出した際、その審議において市民自身が請願・陳情の趣旨を説明し、議員から質問があれば市民が答え、議員と議論する。当然、それは議事録に載る。これが議会への市民参加の第一歩だろう。

地方自治法の参考人制度を活用すれば、議会の正規の委員会の中で請願・陳情者の発言を保障できる。しかし、これまで請願の場合は、「紹介議員」が提出者の市民に代わって説明などを行ってきた。陳情は書面だけだ。なぜ、市民本人が説明してはいけないのか。

栗山町の議会基本条例では、「議会は、請願及び陳情を町民による政策提案として位置付けるとともに、その審議においては、これら提案者の意見を聞く機会を設けなければならない」（4条4項）としている。

ここで重要なのは、栗山町議会基本条例は町民の権利として参加を定め、議会に義務づけたことだ。それ以降、「参考人制度の積極活用」を掲げる条例は多く制定されたが、地方自治法の参考人制度自体は市民参加の権利を定めたものではない。議会が参考人を呼び市民の意見を聴くことができるという議会の権限を定めたものだ。条例で、参考人制度の活用は「議会が必要と認めた場合」とわざわざ明記したものさえある。

これなら地方自治法があれば十分で、議会基本条例は必要ない。単なるアクセサリー条文だ。地方自治法の議会の権限を転換し、市民の権利として定めてこそ、議会基本条例の意味がある。議会に対する市民の権利を新たに定めていない条例は、議会基本条例としての根本的な役割が欠落している。

人口減少社会は、市民、議会、首長、行政職員、あらゆる人々の対話により、新たな地域経営に向けた合意を生みださねばならない。議員間の討議と住民の参加によって、その合意づくりをリードできる議会こそ、次の時代の地方自治を拓くだろう。

⑭ 議会は「意思決定機関」という自覚を

■止まらない政務活動費不正

架空の領収書により政務調査費約1300万円を不正受給した疑いで、元神戸市議会議員が2018年2月、起訴された（前年にすでに議員辞職）。さらに同議会の別の元市議3人は同月、神戸地方裁判所において、政務活動費をだまし取った詐欺罪で懲役刑（執行猶予付き）を言い渡された。

2014年に「号泣県議」（元兵庫県議会議員）の不正が注目を集めたが、その後も富山市議会では、定数の3分の1にあたる14人の議員が不正受給発覚で辞職した。そのほかにも各県で、不正受給した政務活動費の返還や議員辞職が続いている。

政務活動費の原資は税金である。税金の使い方を決めたり監視したりしている人がこの有り様では、地方政治への市民の信頼はなくなる。

もはや性善説は通用しない。市民が誰でも簡単にチェックできるよう報告書や領収書をネットで公開するしかない。さらに、政務活動費を一括先払いして後で清算する方式でなく、報告書や領収書をまず提出し、議長や議会事務局（あるいは第三者）の審査を受けてから支給する後払い方式に変える必要がある。後払い方式は民間企業では当たり前だ。先にもらうから清算で返すのはもったいないという心理が働き、無理に領収書をそろえているように見える。

この二つを両方実施している自治体議会はまだ少数だが確実に広がっている。市民は、自分の自治体が実施していなければ、何か議員が市民に隠していないか疑い、実施を迫ったほうがよい。

■選挙で選ばれた人は偉い！という特権意識

それにしても、こうした不正が後を絶たない背景は何か。古参の議員が昔のルーズな感覚でやってしまった結果というばかりではない。兵庫の「号泣県議」も冒頭の神戸市議も、むしろ若手のホープと見られていた議員だ。

若くして当選した議員の中には、議員の特権意識を強烈に身につけてしまう人がいるようだ。多くの市民に投票をしてもらい当選したのだから、多くの人の意見を謙虚に聴こうと考えてほしいが、「私を批判することは私に投票した何万人を批判することだ」と言い、自分を批判する有権者の発言を差し止める裁判を起こした若手県議さえいる（裁判はその後、自ら取り下げた）。

特権意識を持った人が全員不正を起こすわけではないが、こうした特権意識は、自ら税金を使うときの甘さにつながる可能性がある。

■議会は意思決定機関という自覚はあるか

不正の背景のもう一つは、議員の本来の仕事を、議員が自覚していないことではないか。本来の仕事をせず、役所へ支持者の口利きばかりしていると、政務活動費が余る。でも返すのはもったいないとなると、不正につながる。

議会は自治体の意思決定機関だ。議員はその一員として決定に携わり、決めたことを行政が適切に執行しているか監視する。

行政を監視するだけなら、それぞれの議員が支持者の要望を踏まえ、首長や執行部（行政幹部）に対し要求したり追及したりすれば一応はできるかもしれない。しかし、議会は合議制の意思決定機関なのだから、構成員同士、つまり議員同士がきちんと討議して意思決定をしなくてはならない。決定に向けきちんと討議するには、しっかりした事前調査や研究が不可欠で、政務活動費も必要になる。架空領収書を工面している場合ではない。

そもそも議員には、議会で自治体の意思決定をしているという自覚が本当にあるのか疑問に思ってしまう場面もある。

例えば、市長がある条例案を提案し、議会がそれを可決した。しかし、その条例を施行すると大きな欠陥が表面化し、市民生活に損害が発生したという場合、議員はためらいなく追及者の立場に立つ。「市長はなぜこんな欠陥条例を提案したのだ」「責任をどうとるつもりか」と平気で追及する。まるで議会も被害者であるかのような論調さえある。提案した市長の責任は当然重いとしても、決定した議会の責任はもっと重いはずだが、そんな認識はないことが多い。

■首長提案の修正めざせば本物の議員間討議になる

首長から提案された議案はすべて可決する、という議会もまだまだ多い。議案の内容が最終的にダメだと判断したら否決する議会は、それよりは優れているが、市民から見れば当たり前のことをしているにすぎないだろう。もう一歩進んで、議会が自らの責任を本当に果たそうと思うなら、もっと議会修正を日常的にやってはどうか。

私は我孫子市長だったとき、議会に与党・野党は一切つくらず、議会への根回しや調整もせず、すべて市民の見ている前で議会と議論するという姿勢を貫いた。結果として、議会で否決される議案もあったし、当初予算案は毎年、議会審議を踏まえ市長が原案訂正して可決された。それは議会が本来の機能を果たしているということだ。

それでも、市長だった12年間を通してみれば、８割以上の議案は原案どおり可決されている。ただそのとき、議員が皆、議案は１００点満点と考えて賛成したかといえば、そうではない。

「条例案のこの部分はおかしいと考えるが、条例自体は必要だと認めるので、やむを得ず賛成する」というものが結構ある。逆に反対でも、「条例自体は必要と認めるが、この部分だけはどうしても納得できないので、やむを得ず反対する」というケースが案外多い。こうした「やむを得ず賛成」「やむを得ず反対」をやめ、議員同士が議論して議会でより良く修正してはどうか。

否決するのは議会の意見がバラバラでも可能だ。ある議員は「もっと右に」、他の議員は「左に」「上に」「下に」と考えが別々でも、首長提案に反対というところで一致すれば否決できる。しかし修正するには、少なくとも過半数の議員が「もっと右にしよう」と一致する必要がある。したがって議員間の討議が不可欠になる。市民の利益になるよう首長提案を修正したい、そのために議員間討議をやろう、となってこそ本物の討議が進む。

■議会修正で高まる決定責任の自覚

議会が修正したら、議会は決定責任から逃げることはできない。前述したように、議会は可決したものへの責任を首長へ押しつけてきた。否決しても「本当は可決したかったが、市長提案のここが悪かったから」と首長に責任転嫁してしまうことが多い。しかし、議会が自ら修正をしたなら、その修正内容をほかの誰の責任にもできない。議会の決定責任に対する自覚は、必然的に高まるはずだ。

本当なら、議員自らが条例案をつくって提案する議員立法をもっと活発に行ってほしいが、すぐに日常的にというのは難しいかもしれない。まずは首長提案に対する議会修正を日常的にやっているかどうか、これが議会として役割を果たしているかどうかのメルクマール（判断する指標）になる。

15 人口減少社会こそ事業仕分け必要
――行政を「見える」化し、改革への市民合意を

■当事者だけでは見直せない

事業仕分けは、民間シンクタンクの「構想日本」(加藤秀樹代表)が2002年から自治体で始めたものだ。国に先がけ約50自治体が実施した。国の事業仕分けは2008年、河野太郎衆院議員を中心とする自民党の無駄撲滅プロジェクトチームが初めて行い、翌年、民主党政権の内閣府行政刷新会議が政府として実施し注目された。その後も、自治体は内容を進化させながら取り組み、2017年11月までで116自治体が実施している(名称は「事業レビュー」「外部評価」など様々)。

これからの人口減少社会では、社会をうまく小さくし質を高めることが課題となる。自治体は、あらゆる情報を公開して市民と共有し、何をやめ、何を変え、何をやる(集中する)のか、新たな合意を生み出す必要がある。

単に既得権で税金を使っているものは根本的な見直しを迫られる。ただし、長年継続してきた事業を見直すのは難しい。その予算を首長も議会も認めてきたわけであり、担当職員は、自分の仕事は市民のために必要だと考えている。その事業のサービスの受益者は、サービスの削減や廃止に強く反対する。

当事者だけの議論では思い切った見直しになりにくい。

■予算削減よりも行政を再構築する道具

事業仕分けは、過去の経過にとらわれず、行政の事業ごとに、そもそも「必要か不要か」の観点から税投入の是非を仕分ける。そして行政が税でやるとすれば「市区町村か都道府県か国か」「民間委託を含め事業内容の改善が必要か、そのまま継続か」などを仕分ける。

行政が都合の良い説明だけをしないよう、事業の目的・予算・成果などを分かりやすく示した事業シートを作成して実施するのも特長だ。

従来の「行政改革」は、事業継続を前提に、人件費や物件費など経費切り詰めが中心になりがちだった。これに対し、仕分けは事業そのものを見直し、場合によっては事業廃止にもつながるので、従来の行革よりも予算削減効果が大きい。このため、予算削減の切り札と見られることも多い。こういった使われ方が有効な場合もあるが、事業仕分けは本来、行政の内容を「見える」化し、税が真に有効に使われているかを確かめ、行政を再構築していく道具である。

■全面公開し、「外部の目」を入れて仕分ける

事業仕分けは、その自治体の市民、マスコミ、外部の傍聴者など、全ての人に公開される。傍聴した

市民からは「自分の市で、こんな事業をこれだけ税金をかけてやっていたと初めて知った」という感想がたくさん聞かれる。

事業仕分けによって出される結論は、もちろん最終決定ではなく、それを受け、あらためて行政内部で検討し、首長や議会が最終判断をする。しかし、公開の場で出された結論を変更するには、市民全体を納得させる論理を示さねばならない。

また、必ず「外部の目」を入れて仕分ける。自治体の事業仕分けの場合、十分な仕分けの経験を積んだ他自治体の職員が、一番中核となる。

市民だけでは、担当職員から「必要ない事業に見えるかもしれないが、実はこんな実態があり困っている人たちがいるので廃止できない」「費用がかかり過ぎのように見えるが、こんな事情がありどうしてもこれだけの予算が必要」と説明されると、それ以上追及しにくい。現場を熟知していない学者も基本的に同じである。

しかし、他自治体の職員など現場に詳しい専門家が、「ある自治体では同じ事業をやめたが心配したような問題は起こらなかった」「全く別の方法によって、ずっと質の高いサービスを少ない費用で実施できる」と指摘すると、議論が深まる。

ただ一方で、自治体の外部者が結論を出すのは、最終決定でないとしても違和感がある。市民自治とは言えない。

そこで２００９年10月に事業仕分けを行った埼玉県富士見市では、外部者の仕分け人が市の担当職員と議論し、それを無作為抽出で選ばれた富士見市民（１班20～25人）が聴き判定した。私が委員長を務めた同市の第三者委員会で導入を決めた方式だ。

ある事業について「不要」と指摘する外部の専門家と、「必要」と主張する市の担当職員の議論を、その市の市民が聴いて外部の専門家の意見に説得力があると判定したら、その結果は仕分け人が出すよりはるかに重い。市民判定人方式は現在、自治体事業仕分けの基本形として定着している。

■事業の理念だけ良くてもダメ

事業仕分けは、実際に行われている事業が、その理念や目的の達成に本当に必要かどうかを議論する。理念や目標は素晴らしいが、その下で税金が有効に使われていない実態も多いのだ。

兵庫県加古川市では２０１４～２０１７年、４年連続して公開事業評価（事業仕分け）が行われた。私が参加した16年の公開事業評価では、８事業（事業総額約２億３０００万円）について、仕分け人である外部審議委員（他市の職員、学者、弁護士など。私もその一人）が市の担当職員と議論、それを聴いて、無作為抽出によって選ばれた市民評価委員（２日間で合計47人）が評価した。

これにより、「子育て支援予防接種助成事業」では、はしかなどの予防接種を促進する補助金が予防接種率の向上にどれだけ役立っているか効果の検証がされていないと指摘された（多数意見は抜本見直し)。

また「ごみ減量化啓発事業」では、紙類の資源化を重視して啓発していながら、実際の紙資源の収集体制が弱いと指摘された（同・要改善)。

また「女性消防団活動事業」では、男女共同参画を掲げていながら、女性分団は啓発活動中心にとどまっており、火災・災害現場での実践活動の訓練や、一般分団への女性団員受入れを進める必要性が指摘された（同・抜本見直し)。

■さらに進化する事業仕分け

多くの自治体事業の中からどの事業を仕分けに出すかは、仕分けの有効性を左右する重要なポイントだ。問題があっても首長が自分の都合で続けたいと考える事業を市民に知られないように隠せば、事業仕分けの意味が根本から揺らいでしまう。加古川市では、市民アンケートに基づき対象事業を選定した。

対象事業の選定過程を最もオープンにしたのは、千葉市が２００９年度に導入した事業仕分け手法を用いた行政評価だ。９人の外部評価員が市事業の中からそれぞれ20の候補を提出。その中から外部評価員と行政が44の対象事業を絞り込む。この会議自体を公開し、傍聴者や新聞記者、テレビカメラの前で対象事業を決めたのである。

自治体の事業仕分けは、すべての過程において市民参加を強化していくことが求められる。また、公共施設の仕分け（香川県高松市。⑯で詳述）、複数事業で構成される施策の仕分け（茨城県行方市）などの展開もある。人口減少社会における新しい自治体の創造へ向け、大胆な改革と、そのための市民合意づくりを期待したい。

16 発想を転換して公共施設を再生する
――市民による「施設仕分け」

■公共施設再生に必要な「発想の転換」

全国の自治体で公共施設の老朽化が深刻化しつつある。2020年代になると、高度成長期に集中的に整備された施設が一斉に更新時期を迎えるが、公共施設建設のピーク時に投資していた予算は、今では介護や子育て支援などに回っている。これらの分野でも今後さらに財源が必要となり、公共施設更新に使える予算は限られる。老朽化した施設を従来と同じに建て直すのは不可能だ。

単にお金がないから公共施設を減らすということではなく、人口が減るのに利用率の低い公共施設が同じように多くあっても、地域の質は高まらないと考えたほうがよい。市民の幸せのため、思い切って発想を転換して公共施設を再編成することが必要だ。自治体によって当然状況は違うが、次の三つが柱になると考える。

(1) 周辺自治体との共有化

今までは市民も行政も、隣の自治体にある施設は自分の自治体にも欲しいと考えてきた。隣市に音楽ホールがあると、「わが市でも市民が熱心に音楽活動をしている。建設してほしい」と市民から要望が出され、行政も実現したいと考えた。これからは「隣市にあるのになぜうちの市にも造るのか。一緒に使えばよい」と、発想を逆にすることが求められる。

私が我孫子市長を務めたとき、温水プールの建設計画をつくったが、なかなかうまく進まなかった。隣接する茨城県取手市には立派な温水プールがある。視察に行くと利用者は少なく、利用率向上が課題とのことだった。

一方、我孫子市にあるナイター施設付き野球場とテニスコートが取手市にはなかった。それではと協定を結び、両市が条例改正して、2000年から両市民ともこれらのスポーツ施設を自分の市の施設として使えるようにした。

当時は苦肉の策であったが、これからは当たり前の取り組みにしなければならない。

(2) 積極的な複合化・多機能化

各地区にあるコミュニティ施設などは、積極的に複合化・多機能化を進める必要がある。とくに各地区の中心にある学校を徹底した複合施設として捉え直すことが重要だ。

校庭や体育館など学校施設の一部開放といったレベルでなく、学校は子どもの施設という概念を捨て、コミュニティや地域福祉、スポーツなどの「地域住民の総合拠点」と考える。ただし地域の中で子どもは一番大事であり中心に置く。このぐらいの発想の転換が必要ではないか。

そのためには、学校長に管理責任をすべて押し付けるわけにはいかない。そこで私が我孫子市長だったとき、国の構造改革特区制度に基づき、学校の管理者を曜日と時間によって変える提案をした。平日の昼間は学校長が管理し、平日夜間と休日は市長が管理するというものだ。当時、国はこの提案を受け入れなかったが、このくらい大胆な取り組みが必要だと考える。

また、学校を建設したり改修したりする際は、初めから施設を多用途に使えるよう設計しておくと有効である。

(3)　民間との柔軟な連携

民間との連携で分かりやすい例は公営住宅だ。住宅の絶対数が不足していた時代には、行政が住宅を建設して低家賃で提供しないと住む所がない人が生まれる可能性があった。だから公営住宅を整備してきた。

現在、貧困の問題はあらためて深刻だが、住宅数は充足していて、むしろ「空き家」が問題になっている。行政が民間の賃貸住宅を借りて公営住宅として提供したり、低所得世帯に家賃補助したりすれば、公営住宅が老朽化しても今と同じように建て替える必要性はない。ＰＦＩ（民間資金活用）の手法も、もっと豊かにしていく必要がある。

■利用者以外も自分事に

新しい発想での公共施設再生に不可欠なのは、市民の合意づくりだ。

これまで行政は、文化ホールについては文化ホール利用者からだけ、体育館は体育館の利用者からだけ、福祉センターは福祉センターの利用者からだけ意見を聴いてきた。行政が市民全体から意見を求めたとしても、その施設の利用者しか関心がなく、それ以外の人は意見を出さないからだ。

施設利用者の声だけが市民の声になってしまうと、公共施設再編成に総論賛成でも、文化ホール利用者は「文化は重要であり文化ホールだけはこのまま存続させ、建て替え時にさらに充実させねばならない」と主張する。体育館の利用者は「健康づくりは重要だから体育館だけは」、福祉センターの利用者は「少子高齢社会の福祉は大切だから福祉センターだけは」と、すべて同じ結論になる。

従来もこうした構造の下で、行政は多額の借金と国の補助金によって多くの公共施設を建設してきた。これからは文化ホールを1回も使っていない人も、他人事ではなく自分事として、納税者の立場で文化ホールの議論に加わる必要がある。そういう仕組みを、しっかりつくらねばならない。

■「公開施設評価」で無作為抽出の市民が討議

香川県高松市では2013年、「公開施設評価」が行われた。対象になったのは保健センター（7施設）、温浴施設（8施設）、スポーツ施設（16施設）、総合福祉会館（1施設）の計32施設だ。

まず市の担当者が施設の整備経緯、現状などを説明。続いて利用者代表が、その施設をいかに有効に使っているかアピールした。

その後、コーディネーターのもと、問題提起をする2人のナビゲーターと無作為抽出で選ばれた市民評価者20人が議論した。各施設で提供するサービスは市民ニーズに合っているか、他の施設では提供できないか、施設の量、配置、管理は適切かなど、様々な論点で意見が交わされた。コーディネーターとナビゲーターは外部の専門家が務め、私もナビゲーターを担当した。

最後に、無作為抽出の市民20人が評価をする。保健センターについては「多用途へ有効利用する」、温浴施設については「施設数や利用料を見直す」、スポーツ施設については「一層の有効利用と事業の見直しを進める」、総合福祉会館については「統廃合と民間活用を実施する」などの意見が多数を占めた。市では評価結果を「公共施設等総合管理計画」に生かしている。

こうした取り組みは、三重県松阪市、千葉県富津市などでも行われている。また、神奈川県伊勢原市では、市議会の最大会派「創政会」主催の「住民協議会」が２０１７年2月と4月に2回行われた。選挙人名簿から無作為抽出された市民37人が、公民館、コミュニティセンター、児童館、自治会集会所などについて議論。コミュニティ施設としての施策一本化や学校活用などの意見が出された。

■進化する市民参加

無作為抽出で選ばれた市民の多くは、対象の施設を利用していない人である。しかし、事前の施設見学会や勉強会で十分な情報提供を受けて納税者（主権者）として評価する過程で、行政の事業や税の使い方に対する関心が飛躍的に高まったと感じた。

2でも述べたが、この無作為抽出市民による討議は、進化した市民参加として注目される。住民協議会や事業仕分け市民評価人方式として広がっており、政策シンクタンク「構想日本」の調査では、無作為抽出で参加した人は全国ですでに7800人を超えている。同じ意見の市民だけで集まって行政や議会に要求するという行動パターンを抜け出し、多様な市民が互いに対話し、市民自らで合意を生み出し、行政や議会を動かしていく。こうした市民の力は新たな社会を拓く確かな推進力になるはずだ。

17 地に足ついた自治を
――国ではなく市民と地域から出発する

■自治・分権は終わった？

「自治・分権ブーム」は過去のものとなった。今では地方創生の大合唱のもと、多くの自治体は、どんな計画をつくると国からＯＫが出るか、どんな事業をやると国から交付金が出るかばかり考え、市民より国を見て行動しているようだ。「自治・分権は役所の中で死語になった」と言う自治体職員もいる。

２０００年施行の地方分権一括法を中心とした自治・分権の動きは、歴史の大きな流れになる期待もあったが、ブームに過ぎない危うさもあった。

当時、全国の多くの自治体関係者が「これからは分権の時代になるので、自分たちも自治を行える力をつけなければ」と話していた。真面目ではあるが、発想が逆立ちしている。国が分権を進めるから、自治体は自治をやらなければならないのか？

そうではないはずだ。地域を良くするには、国の一律の基準でやるより、自分たちで創意工夫し、自分たちで決めて、自分たちの責任でやったほうがうまくいく。つまり、地域を良くするために自治をやりたい。だから分権を求めるのではないのか。

私は前述のような話を聞くと「安心して下さい。皆さんがそう言っているかぎり分権は進みません。焦る必要はありません」と答えることにしていた。自治体が、「自治をやりたい」と心底思わないかぎり分権は進まないだろう。残念ながらそのとおりになってしまったように思う。

■みんな逆立ちしている

「人口減少社会は税収が減る。まちづくりを行政だけで担えないから民間（市民）との連携が大事」という話もたびたび聞く。しかし民間と連携するのはお金がないからか？

民間の能力は高い。民間と連携したほうが事業やサービスの質が良くなるから、市民が幸せになるから、連携するのではないのか。仮にお金が余っていたとしても、民間と連携したほうがよい。同じ行政のアウトソーシングでも、市民の生活向上をめざしたアウトソーシングか、行政の都合（コスト削減）によるアウトソーシングかで、中身が全く違うものになる。前者は、結果として財政面でも効果を生むが、後者は質の劣化などの歪みを生み、結局、アウトソーシング自体が市民の反対によって進まなくなる。

一方、ＮＰＯの人たちからは「行政に予算がないから、人が足りないから、我々が行政に代わってやってあげている」という話をよく聞く。たしかに現実には、行政が本来やるべきことをやらず、どうしようもなくて肩代わりする場面もあるだろう。しかし、本来は逆であるはずだ。

ＮＰＯなど民間ができることは、もともと民間がやることだ。ＮＰＯができないことを、税金を払って行政にやらせているのである。行政ができないことをＮＰＯがやっているのではない。

こうした様々な逆立ちの発想をやめ、しっかりと自分の足で立ちたい。

■生活者の市民から出発し発想する感覚が大切

自分の足で立つということは、国家や行政から出発するのではなく、生活者である市民から出発するということに他ならない。とくに、一人ひとりの顔の見える市民から出発すること、これが地方自治の肝だと考える。

しかし、実際の自治体の仕事でそうなっているだろうか。例えば、市民の健康診査の目的を「医療費の抑制」としている自治体がある。

言うまでもなく、市民の健康診査の目的は病気予防であり、市民の健康維持だ。そのことは当然、医療費の抑制につながり、健康保険制度の安定につながるが、健康保険制度の安定も行政のためではなく、被保険者である市民が安定して必要な医療を受けられるようにするためだ。

これら当たり前の目的が行政の中で明示されないことが多いのは、単なる舌足らずや書き忘れだろうか。私は、市民から出発し発想していく感覚を、行政が自分のものにしていないからだと考える。自分のものにしていれば、市民にとっての利益を言い忘れることはない。

自治体の職員は、対象となっている市民が自分の家族だったら、恋人や親しい友人だったらと思って対応すると、市民から出発して考えることができるはずだ。

■市民が国と自治体に権力を分けるのが「分権」

行政とはそもそも何か。少し前は、「行政は最大のサービス産業」という言い方が流行《はや》った。「協働のまちづくりにおける市民のパートナー」とも言われる。こうした側面もあるのは確かだが、行政はどんなに優しい顔をしていても、どんなにソフトに振る舞っても、その本質は権力だ。

行政は市民から強制的に税金を集める。市民へのサービスは、この強制的に集めた税金をもとにやっているのである。

また、ルールをつくって個人の権利を制限する。例えば都市計画を決定し、個人の所有地であっても「住宅なら建ててよいが娯楽施設をつくってはいけない」「高さ10メートル以上のものを建ててはいけない」などと権利を制限する。

この権力は、市民の自由を守るためにある。こうした行政の権力が存在しないと、腕力の強い人、お金を持っている人だけの自由になってしまう。

しかし、それでも権力は「危険物」であり、主権者である市民の意思で動かすことが何より重要だ。

もし権力が、権力を持つ人の都合や、腕力の強い人、お金を持っている人の利益で動いてしまったら、本来の目的とは全く逆になる。そうならないための仕組みづくりが必要である。

その一つとして、私たち市民は国と自治体に分けて権力を与え、できる限り私たちに近いところ（市区町村）へ行政の権限とお金を置き、コントロールしやすくする。これが分権である。

分権というと一般的には、国が自らの権力（権限とお金）を自治体へ移譲することだと理解されている。国が自治体へ「分け与える」というような捉え方さえある。私は、国が自治体に分けるのではなく、主権者である私たち市民が、国と自治体に権力を分けて与えるのが分権だと考える。ここでも逆立ちしてはいけない。

■私が生きたい社会

世の中で多くのことが逆立ちしていると思っていたら、最近は憲法でも逆立ちする議論が出てきた。まず国民があって、国民が自らの幸せのため国家をつくり、その際、国家が暴走しないよう憲法で国家を縛る。こうした「立憲主義」は、世界の民主国家の共通原理であるはずだ。ところが、悠久の歴史と文化を持つ日本という国家がまずあり、国民はその国家を誇りを持って支え、そうした国の姿を定めるのが憲法という考え方が登場している。

日常の行政や政治がみんな逆立ちしていれば、こうした憲法の考え方が出てきてもさほど不思議ではない。もし憲法が変われば、ここで私が述べたことのほうが逆立ちになるのかもしれない。

ただ私は、国家からでなく、生活者から出発する社会で生きたいと願っている。最近、自治体にも「地方創生」では地方は再生できないという認識が広がってきた。今度こそ逆立ちをやめ、しっかり市民から出発する自治・分権を創り出していきたい。

⑱「協働」という言葉も卒業しては

■「市民協働」とは何か

多くの自治体が、市民と「協働」したまちづくりを謳《うた》っている。協働の一般的定義は、性格の異なる主体が、同じ目標に向け、それぞれの得意分野を生かし、対等に連携するということだ。この言葉は専ら、行政やNPOの現場で使われてきた。

市民との協働に対して当初、「市民は主権者であり行政の主人。対等な連携はおかしい」という批判があった。

実は、行政と対等な関係で連携するのは市民全体としての「主権者市民」ではない。様々な事業や活動を行っているNPO、企業、自治会、ボランティア団体など個々の「事業者市民」だ（自治会などを事業者と言うのはしっくりこないが、一応「事業者市民」と呼ぶ）。「主権者市民」にコントロールされる僕《しもべ》の行政が、「事業者市民」と対等なパートナーシップを結び協働するのだ。

ただし、協働は事業者市民と行政の二者だけの関係ではない。二者が連携し働きかける相手、「受益者市民」の存在がいちばん大事だ。例えば、障がい者支援に取り組むNPO（事業者市民）と市の障がい者担当課（行政）が対等な関係で連携し、障がいのある人（受益者市民）の地域における自立生活をサポートする。これが「協働」だ。

もちろん市民は三つの立場をどれも持つ。行政職員も選挙では主権者市民として投票するし、週末にボランティア活動へ参加すれば事業者市民となる。日常生活では受益者市民として様々なサービスを受け取る。市民は、今どの立場なのかしっかり意識することが大切だ。

■受益者市民からの評価が大事

では、良い「協働」はどんなものなのか。以下、NPOを例にして説明する。

協働は、NPOと行政の二者の利益のためであってはならない。しかし実際には、行政は「NPOに任せたほうが事業を安上がりに実施できる」、NPOは「行政と一緒にやるとお金や活動場所を提供してくれるから活動しやすい」と、互いの利益のため協働していないだろうか。これではNPOと行政のもたれ合いだ。

協働は、受益者市民の利益のために行うものだ。前述の例で言えば、NPOだけで障がい者をサポートするより、行政だけでサポートするより、両者が得意分野を生かし連携してサポートしたほうが、障がい者の自立が進むから協働するのだ。

当然、協働の評価は受益者市民からしてもらう必要がある。行政は「わが市のNPOは責任感と力量があり、地域づくりの大きな力だ」と言い、NPOは「うちの市の行政はNPOに理解があり柔軟に対応してくれ、良いパートナーだ」と言い、互いに褒め合っていても、受益者市民から、あまり自分たちの役に立っていないと言われたら、自己満足の協働でしかない。

逆に、NPOは「市役所は縦割りで頭が固く、とても付き合いきれない」と批判し、行政は「NPOは勝手な要求ばかりで無責任だ」と悪口を言う。両者がケンカをしながらでも、やることをしっかりやって効果を発揮し、例えば障がいがある市民から「両者の連携によるサポートで自立が進んだ」と評価されれば、それは良い協働だと言える。

■協働の中身はいろいろ

協働と言っても、事業者市民と行政の連携の仕方はいろいろある。

行政から委託を受け、NPOが行政の事業の実施主体になることがある。この場合、実施主体はNPOでも税金を使った行政の事業なので、その執行の最終責任は当然、首長が負う。最終責任を負うということは、最終決定権も首長が持つということだ。また、基本的な予算は議会が決める。こうした構造のもと、契約を結びNPOの自由裁量に任せるところを明確にし、NPOによる市民的発想やノウハウを最大限生かせるようにする。

一方で、NPOの事業を行政が支援することもある。補助金、活動場所の提供、広報の協力など多様な支援があり得る。この場合はNPOの事業なので、事業の最終責任も決定権もNPOにある。行政が補助金を出すのであれば、補助金が適切に使われているかは点検し、市民全体に責任を持たねばならないが、その事業を実施するのかどうかを含め、方針や予算はＮＰＯの総会や理事会で決定する。そこに行政が口出しするのは介入だ。

さらに、数は少ないが、ＮＰＯと行政がそれぞれ資金や人を出し、責任や決定権を共有して行う事業もある。両者で実行委員会をつくりイベントを開催するのはその代表例だ。

それぞれの事業にとって最も適切な連携の仕方を選択していかねばならない。

■「協働」という言葉で曖昧になる責任の所在

全体としては対等な連携でも、これらの三つの類型は、責任や権限の持ち方がそれぞれ全く違う。ところが、実際に取り組む中で、どの類型のどんな関係なのか分からなくなることがある。行政の事業にＮＰＯが協力しているのか、ＮＰＯの事業を行政が支援しているのか、そのぐらいは分かりそうなものだが、互いの思いが食い違ったり、思いと現実とが矛盾したりすることがある。

私が我孫子市長のときも、市立鳥の博物館「友の会」が、市教育委員会が設置して市民に会員になってもらっている公設の会なのか、市民が自主的につくってくれたサポーターの会なのか、分からなくなることがあった。

前者なら、会の設立や規約を市教育委員会が決裁しているはずだが、その記録がなかった。それなら後者で、設立や規約は市民の総会で決めたはずだが、規約の中に「会員は鳥の博物館の入館料が無料になる」という規定があった。こんな規定を、市民が自主的に決められるはずがない。関係がよく分からなくなると「協働の関係だ」と言って曖昧にし、ごまかす。これでは困る。

結局、もう一度整理し直し、「友の会」は後者であることを明確にした。「友の会」は市民が自主的につくった鳥の博物館のファンクラブとして、博物館活動に協力しながら楽しく鳥や自然を学び、会員の親睦をはかる。ただし市教育委員会は、同会が鳥の博物館に協力し、我孫子市のテーマ「人と鳥の共存」の推進に貢献してくれているのを評価し、鳥の博物館条例施行規則に規定する「公益上の必要」から、同会会員には入館料を免除することにした。

誰がどんな責任を持つか、決定権を持つか曖昧なままやっていると、結局、損をするのは市民だ。最後には「行政にうまく使われただけ」となってしまう。行政にとっても、せっかく市民と一緒に取り組みながら、「行政にうまく使われた」という不信感を持たれてしまったら大変な損失だ。

どんな関係なのか明確にして連携を進めなければ、市民も行政も損をする。

■誰にも分かる言葉が良い

私は「協働」という言葉は、もう使わなくてもよいと考える。普通に「連携」「協力」と言えばよい。連携や協力ならいろんな関係があると誰もが思う。しかし、協働と言うと何か特別な一つの関係だと思ってしまい、実際の責任や決定権がかえって曖昧になる。また、ＮＰＯ担当課以外の行政部局は、あまり自分には関係ないと思ってしまう。

もちろん協働という言葉によって、行政はＮＰＯと対等に連携・協力していかねばならないという意識が広がった意義は大きかった。しかしこれからも本当に市民と連携・協力したいと思うなら、普通の市民に通じる言葉が良い。

協働という言葉を20年近く使い続けてきたが、結局定着しなかった。普通の市民は、「キョウドウ」と言われ思い浮かぶのは「共同」か「協同」だろう。今、改める勇気が必要だ。

⑲ 消費者の目線で社会を変える

■行政のベクトルを転換する消費者行政

消費者行政は、行政のベクトル（方向）をこれまでと逆にするものだ。

いずれも最終目的は市民の幸せであるが、特に国の行政はまず事業者へアプローチすることが多い。経済産業省は、各分野で企業を育成し国民生活を豊かにする。農林水産省は、農業者を育成して国民の食料を確保する。これに対して消費者庁は、あくまで消費者から出発し、消費者にとってどんな社会が必要か、市場はどうあればいいか考える。結果として、消費者にとって安全・安心な質の高い市場ができれば産業の発展にもつながり、市民の幸せが実現する。

双方向が必要なのだが、これまで国の行政のほとんどが事業者起点であり、本来、生活者・消費者から出発するはずの自治体行政も国に引っ張られてきた。行政全体へ生活者の視点を広げる消費者行政の役割は大きい。

■消費者の目線で制度をつくる

実は今まで、消費者保護さえ事業者起点が主であった。事業者を適正化し消費者被害を防止するというやり方だ。具体的には、悪質商法などによる経済的被害の分野では、消費者を守るため業種ごとに、事業者による消費者との取引を適正化する法律を制定している。しかし、そうした個々の法律では対応できない「すき間」で、架空の権利や外国通貨への投資詐欺など多くの消費者被害が発生してきた。

本来、消費者の立場から考えると、商品の種類や販売方法にかかわらず、消費者に実際と著しく異なることを言って契約させ、大きな被害を与える行為はすべて許されない。そこで２０１２年の消費者安全法改正で、こうした行為に対し業種を横断して消費者庁が中止の勧告・命令を出せるようにした。

また、電気製品からの発火や食中毒、施設や役務（サービス）に関する事故など、消費者の生命・身体に被害が生じる様々な事故も起こっている。

こうした分野の事故が起こると、警察の捜査や所管する役所の調査が行われる。ただしこれは、刑事責任を問うべき者がいるか、行政処分が必要か、という観点で行われる。事業者を適正化して消費者の安全を守るというやり方だが、事業者に法的問題がなければ、そこで捜査や調査が終わってしまう。

これに対し、同じく２０１２年の消費者安全法改正で、消費者庁に消費者安全調査委員会（いわゆる「消費者事故調」）が設置された。この調査委員会は各種の専門家で構成され、航空・鉄道・船舶事故を調査する国土交通省の運輸安全委員会に次いで発足した本格的な事故調査機関だ。

消費者安全調査委員会は、警察捜査などのように「誰が」悪かったかではなく、「何が」悪かったか原因究明を徹底して行う。事故原因は事業者に問題がある場合もあるが、社会環境や制度に問題がある場合もある。また、一つでなく複合的な原因であることも多い。それらを全部解明してこそ、消費者にとって最も大切な事故の再発防止につながる。

同委員会はこれまで、ハンドル形電動車椅子の死亡・重傷事故など11件について事故原因を調査し、関係大臣へ意見具申した。２０１７年11月には、子どもの玩具誤飲による窒息事故に関し、万一のどに入っても窒息しないよう、玩具に可能な限り大きな穴を多方向に開けるという改善策を提言している。

■消費者市民社会へ

消費者行政自体も、さらに大きな転換が求められている。これまでは行政が消費者を保護するのが中心だった。しかし、「消費者が何も考えず生活しても、行政が悪質商法の事業者や危険な製品を身の回りからすべて排除してくれる」という社会はつくりたくてもつくれない。本当に安全・安心な社会は、消費者自らが積極的に情報を集め、自分の頭で考え、自分で判断するようにならない限り実現しない。

小さな子どもや認知症高齢者など、十分な判断力を持つのが難しい人の周りに多くの自立した消費者がいれば、被害を防止できるだろう。

これからの「消費者市民社会」では、自立した消費者が自主的に選択し行動することによって安全・安心な社会をつくる。そのためには商品表示など、消費者が適切に選択できる環境の整備が消費者行政のとくに重要な課題になる。

また、開発途上国の児童労働によって生産された不当に安価な製品は購入しないなどのエシカル（倫理的）消費は、より良い世界経済を実現する力になる。持続可能な社会へ向け大量消費社会を転換するにも消費者の行動が重要だ。新しい社会づくりの主体となる消費者市民が求められている。

２０１２年に議員立法で成立した消費者教育推進法によって、消費者教育推進計画策定と地域協議会設置が自治体の努力義務となった。自立した消費者を育てる消費者教育はもちろん重要だ。ただし、自治体が単純にこの法律に沿って、計画や組織をつくることが適切だとは思えない。

国の省庁は縦割りで法律をつくっていて、食育基本法は「食育」を、環境教育等促進法は「環境教育」を求めている。また、学校などでのいじめが大きな問題になるなか、社会全体の「人権教育」が問われている。「民主主義教育」の必要性も強く感じる。

自治体や地域では、これらを別々に進めるのではなく、総合的にシティズンシップ（市民性）教育として進めることが大切だ。しかも、行政より大学や民間が中心になって進めるほうが適切だろう。この場面では行政のコーディネート力が問われる。

■地方消費者行政は「まちづくり」

消費生活の現場は「地域」であり、消費者にとって安心・安全な社会を築くには地域こそ大切だ。地方消費者行政の役割は大きい。

国では、消費者行政が省庁ごとの縦割りとならないよう消費者庁が誕生した。しかし、自治体では消費者行政それ自体が縦割りの一つであり、消費者行政の枠を超えた連携が重要だ。

地域で食の安全をめざす人たちは、食品表示の問題だけでなく、地域農業の育成や地産地消に一生懸命取り組んでいる。また、一人暮らしや認知症の高齢者を悪質商法から守るには、「見守りネットワーク」で高齢者宅を訪問する福祉ボランティアや介護事業者との密接な協力が不可欠だ。

地方消費者行政は「まちづくり」そのものであり、国は自治体による生活者視点での総合的取り組みを支えることが大切だ。しかし、どうしても国は自分の省庁の旗（消費者庁なら地方消費者行政や消費生活センター）を自治体に立て、そこに「ひも付き」補助金を流し影響力を確保する傾向がある。

確かに、消費者庁の交付金で都道府県につくられた「地方消費者行政活性化基金」は、消費生活センターの設置や相談員の増員などに一定の効果を上げた。しかし、お金がなくなったら消費者行政を縮小してしまう自治体がもしあるとしたら、国がその自治体に「お金を出すから消費者行政を続けてくれ」と頼んでも、充実した消費者行政にはならない。

自治体が自らの意思によって、「ひも付き」でなく何にでも自由に使える財源で、消費者行政を充実させることが大切なのである。全国を見ても消費者行政が充実しているのは、お金がある自治体ではなく、市民・首長・議会の問題意識の高い自治体だ。

20 市民参加が進むかどうかは首長の姿勢次第
――沸騰現場で市民と本気の議論ができているか？

■制度だけでは市民参加は進まない

ここまでいくつか紹介したように、私は我孫子市長だったとき、市民参加の仕組みを徹底してつくった。ただし制度をつくることが最も重要だとは思っていなかった。いくら制度をつくっても、使われなければ意味がないからだ。

多くの自治体で、「パブリックコメントを実施しても市民が無関心で意見があまり来ない」という話を聞く。実際は、市民がもともと無関心というよりも、行政が市民に意見募集している事柄と、市民が「これについて意見を言いたい！」と思っている事柄との間にズレがあるのではないか。

重要なのは、自治体の中でいちばん問題がある所へ、その問題がいちばん沸騰しているときに行って、その問題に直面し非常に困っている市民、怒っている市民、強い要求を持っている市民と直接向き合い、本気で議論することだ。私は市長として、これを3期12年間やってきたつもりだ。

いちばん問題がある所に、いちばん沸騰しているときに行くと、ニコニコして迎えてはくれない。行った途端「こんなことはおかしい。変えろ！」と言われる。もちろん、本当におかしければすぐに直す。しかし、市民の一義的な要求が全部正しいとは限らない。むしろ、本質的には別にしても、表面的には間違っていることも多い。

例えば、我孫子市は一戸建ての住宅地が多い。都市計画上は中層まで建てられる地域でも戸建て住宅が建つ。それでもそういう地域に空地ができるとマンション計画が出てくる。その計画は、都市計画法にも、かなり厳しい我孫子市の開発条例にも適合しているが、周囲の戸建て住宅の人たちはマンションで日陰になるからと反対運動を起こす。

その地域に、反対運動が激しいときに行くと、「市長は市民のための行政をやると言っているのだから、マンション建設を不許可にしろ」と要求される。

■12年間、市民とケンカ？

地域の状況を見ると、私も個人としては建たないほうがいいと思う。しかし、市長や市役所は日ごろから事業者に法令を守るよう強く求めている。法律にも条例にも適合している計画を不許可にするということは、行政が法令を無視し、違反するということだ。

私は、「権力者が法令に基づかず、自分の判断で自由に権力を行使して不許可にする。そんなことをやっていいのですか？　そんな権力者がいるまちでいいですか？」と逆に市民に問い、不許可にできないことを説明する。

もちろん、法律と条例さえクリアすれば何をやってもよいとなったら、まちは無茶苦茶になる。法令は権力で規制する最低限のルールを定めているのであり、あとは話し合いで進めることが肝心だ。事業者と地域住民、そして行政も入り徹底して話し合い、ていねいな合意づくりが求められる。

たしかに地域住民が事業者と対等に話し合うのは、情報量の差もあり難しい。そのため市は、計画の周知や説明会開催など話し合いの手続きを、紛争予防条例として別に定めている。実りある話し合いになるよう市長として努力は惜しまないが、まず地域住民が事業者と交渉しないかぎり何事も始まらない。その努力なしで、不許可にしてくれと行政に頼っても解決しない。

冷静なときは分かってくれる人も、マイホームの日照を守ろうと必死になっているときは、「市長は許せない」と大ゲンカになることもある。

私は市議会とは常に緊張関係の中でやってきた。「与党」「野党」を一切つくらず、根回しによる調整を一切せず、すべて市民の見ている前で議会と議論するというやり方を貫いてきた。それだけに本当に掛け値なく、市民からの応援や支持が私の唯一の力だった。それでも市長だった12年間、市民とケンカし続けてきたという感覚を持っている。こうした議論を続けてきたからだ。

でもそのケンカから絶対に不信感は生まれない。信頼感が生まれる。これは私の12年間の実感だ。むしろ、市民の前で「皆様の意向を尊重します」とその場しのぎのことを言い、結局それを実行できないと、何十倍の不信感が生まれるだろう。

■もちろん責任から逃げない

念のため言えば、地域住民と事業者任せにして逃げてしまうのではない。事業者には当然、厳しく対応する。もし事業者が「法律も条例もクリアしている。住民の反対に根拠はなく、計画変更するつもりはない」と言ったなら、市長は「そうですか。あなたの会社は法令違反でなければ何をやってもいいと思っているのですか。まちづくりに対しそんな姿勢なら、私も覚悟がある」と宣言する。

正式な開発申請には、行政手続法と手続条例の定めにより一定期間で結論を出さねばならない。しかし事前協議には定めがない。事前協議書は段ボール何箱も出てきて、上下水道、道路、緑地等々、それぞれについて担当課と事業者が協議していく。通常の事前協議は都市部長決裁だが、「会社がそういう姿勢なら問題が大きいので、今回は市長決済にする。私が全部の書類を丁寧に見る。最善を尽くし急ぐが、私も忙しいので1年ぐらいかかるかもしれない」と話す。

そうすると訴訟を起こすと言われるが、「起こしてもらって構わない。最高裁までやろうではないか。何年もかかるだろう。それより、地域住民と誠実に話し合って歩み寄ったほうが会社の利益になるのではないか」と迫る。

ここまでやって、ようやく住民と事業者が実質的な協議に入れるというケースもあった。事業者へはこのぐらいの覚悟で迫るが、住民に対しても「不許可にはできない」と明確に言う。

■「自分ごと」に無関心なし

本当に問題が沸騰しているとき、無関心は存在しない。普段は「市の広報など1回も読んだことがない」「市役所には税金をいっぱい取られているが、市役所のお世話になったことはない。行政なんて私には関係ない」と言っていた人たちが、マンション問題に直面すると皆集まって、「我孫子市のまちづくり、都市計画はこれでいいのか！」と議論する。都市計画法の逐条解説の分厚い本を図書館から借りてきて勉強していたり、我孫子市開発条例を一条一条、声を出して読み合わせしていたりする。

普段は仕事や子育てで忙しく、市政への市民参加はやりたくてもできないという現役世代の人、若い人たちも、例えば保育園運営で大きな課題が浮上すれば、土日でも夜でも時間をつくって集まり、真剣に議論している。

そういうところに行き、首長が真剣に本気の議論ができるかどうかだ。その場でたとえケンカ腰の議論になっても、きちんと議論する。それは行政職員の姿勢も大きく変えるだろう。

首長のこうした行動によって、市民の自治体行政への関心や、地方政治への想《おも》いが出てくる。これなしで、いくら市民参加制度をつくっても意味はないと考える。

21 「聖域」にこそ市民参加が必要
——職員採用、補助金もオープンに

■職員採用に民間試験委員制度を導入

市職員の採用試験で点数の改ざんを指示したとして2017年8月、山梨市長が逮捕され辞任。12月には東京地方裁判所で懲役3年（執行猶予付き）の有罪判決が言い渡された。きわめて残念な出来事である。

実は、違法行為まであったかどうかは別にして、私が1995年に市長になるまで、我孫子市においても職員採用で議員など有力者の縁故がものを言っていた。

市職員の生涯賃金を考えると、税金から億単位でその人に投資している。良い人材に投資できるかどうかで、まちづくりは大きく左右される。そこで、縁故をなくし完全に公平な採用にするため、民間試験委員制度をつくった。

それまでの試験委員会は、副市長（当時は助役）を委員長に市幹部5人程度で構成されていた。これを改め、30代・40代の職員2人を毎年交代で入れるとともに、1人は民間から試験委員になってもらうことにした。

民間試験委員は百貨店の人事課長、商社の役員、病院の事務長、ホテルの支配人など、多様な人に務めてもらった。ホテルの支配人は仕事上、様々なタイプの客と毎日会っている。短時間の面接で、どういう人物か見抜く力がずば抜けていた。もちろん面接だけでなく、試験期間は条例に定められた非常勤特別職として守秘義務を持って、合否を決定する会議まで全部参加してもらう。

その目的は、外部の目を入れ不公平な採用をなくすこと。さらに人物評価に民間の視点を入れることだ。幹部職員の試験委員は、何十年も市役所で仕事をしてきて役所文化になじんだ人が多い。そういう人が自分と同じタイプの人だけ採用していたら進歩はない。

加えて、透明性確保のため受験者本人から求めがあれば、面接も含めて試験の得点や順位を開示した。こうした改革の結果、良い人材を採用できたと思っている。

■見せたくない部分への市民参加が改革を可能に

6で、我孫子市が行った民間へ出す補助金の既得権を一切なくす改革を紹介した。市の補助金を一旦すべて廃止したうえで、補助金をもらいたいという団体を公募し、応募があった内容を市民の検討委員会で審査し、その結果に基づきすべて新しい補助金として出すというものだ。

市民の税金を財源にした補助金を、どこに出せば本当に市民の幸せになるか、良いまちづくりになるか、オープンな場で市民と行政が議論し決定する仕組みだ。これにより、必要性が低くても既得権により出し続けていた補助金は全部整理できた。一方、新規の補助団体が多く生まれた。ただし、新しい既得権が生まれないよう、最長3年で、また廃止を繰り返している。

〈市職員の採用試験で誰を合格させるか〉や、〈どの団体に補助金を出すか〉は、ある意味、行政内のデリケートな決定とも言える。以前は聖域のような部分だった。このような今まで行政があまり見せたくなかった部分にこそ、市民に参加・介入してもらう。それにより行政を確実に改革できる。透明性のある、市民にとって質の高い行政にすることができる。

■市長は責任から逃げてはいけない

前述の補助金改革により廃止になったものの一つに、医師会への補助金がある。それまで我孫子市は、医師会の運営費に補助金を出していた。市は医師会に大変お世話になる。事業委託費は別に出すものの、市民の健康診査も子どもたちの予防接種も、医師会の協力なしにはできない。行政は医師会に頭が上がらないところがある。そのため、市役所内だけで検討していたら、医師会の運営費補助を一気にゼロにするという発想はおそらく出てこなかっただろう。

しかし、市民の検討委員会の結論は明快だった。医師会は開業医が中心の団体で、個々には例外があるとしても一般的には所得の高い人たちの団体。医師会の活動は市民にとって大切だが、医師会の運営は会員の会費でまかなえるはず。貧乏な我孫子市がお金持ちの医師会に補助するのは「不適切」という結論になった。

これに基づき医師会の補助金は廃止になった。正確に言えば、すべての補助金が廃止になり、あらためて医師会から応募があったものの不採択となった。しかし、医師会はその後も全く変わらず市に協力してくれている。

一つ間違えてはならないのは、市民検討委員会の結論に基づき決めたとしても、あくまで市の補助金は、最終的には選挙で選ばれた市長の責任で決定しているということだ。予算全体は市議会で決めている。この責任をあいまいにしてはならない。市民検討委員会に市民全部が参加しているわけではないから、住民投票とは異なる。

実際にはそんなことは起こらなかったが、仮に医師会が、「今まで協力してきたのに補助金を切るとは何事だ」と抗議に来たとする。市長がそのとき、「私は医師会への恩を忘れていないし、補助金を出したいのはやまやまだが、市民検討委員会が駄目だと言うので勘弁してください」などと言ったら絶対にだめだ。

最後の判断は市長の責任で行っている。あるいは、市民検討委員会の結論どおりにやると決めたのは市長なのである。ただ、市長の最終判断の前に、市民検討委員会の決定が出され、それを受けて判断するということがとても重要だ。この過程がなければ、同じ私が市長であっても、医師会の補助金をゼロにすることはなかったかもしれない。市民との対話があることによって、市長の決定に市民感覚を持たせることができる。

■「間接民主制」への市民参加

住民投票の結果は、主権者が示した公共的意思である。首長や議会に尊重義務を課した住民投票条例の場合、投票結果と首長や議会の意思とが異なれば、首長や議会は自分の意思に反してでも、主権者の意思に基づいて決めねばならない。住民投票は「直接民主制」であり、事実上市民が決定する制度である。

しかし、ここで述べた市民参加は、直接民主制ではなく「間接民主制」への参加だ。選挙で選ばれた首長や議会が決める過程で、市民と徹底して対話する。仮に参加した市民の意見では圧倒的にAが多かったとしても、とことん市民と話し合ったうえで、それでも首長や議会がBだと判断すれば、Bに決めねばならない。そして、なぜ参加市民の多数意見と異なる決定をしたか、説明責任をしっかり果たさねばならない。

もし首長や議会がAと決め、結果的に失敗だったとき、「本当はBが良いと思っていたが、市民の意見を尊重しAに決めた」などと言い訳することは許されない。

それでは、結局首長や議会が決めるので市民参加は重要でないかと言えば、それは違う。医師会補助金で説明したように、同じ首長でも、役所内の検討だけで決めたときと、市民と対話して決めたときと、決定内容が違ってくる。

いざというときの住民投票（直接民主制）も、日常的な間接民主制への市民参加も、どちらも重要だ。二つを混同せず、必要に応じ適切に使い分けることが大切である。

22 ネット活用し、自治を深める

■「新仕分け」が示したソーシャルメディアの可能性

２０１５年5月からインターネットによる選挙運動が解禁されたが、普段から政治や行政分野にソーシャルメディアを活用することは、それ以上に大きな意味を持つ。

私がソーシャルメディアの可能性を実感したのは、２０１２年11月、内閣府行政刷新会議（当時）が3日間にわたって「新仕分け」と題して行った事業仕分けだった。東日本大震災の復興関連事業などを対象としたもので、私も民間仕分け人として参加した。

衆議院解散の日に始まった民主党政権最後（6回目）のこの事業仕分けが、なぜ「新仕分け」だったのか。それはソーシャルメディアの活用だ。ユーストリームとニコニコ生放送で中継され、ネット視聴者は3日間で40万人を超え、ツイートは約８０００件、ニコニコ生放送の視聴者コメントは約18万件にのぼった。

仕分け会場には大画面が四つ置かれ、そのうち二つにはツイッター上の意見が表示され、残りの二つにはニコニコ生放送が映された。後者の画面の上方にはテロップで視聴者からのコメントが流れる。それを常時見ながら仕分け人と各省庁が議論した。

さらに、ネットに詳しいジャーナリストらを会場に招いて、特徴的なツイートやコメントを取り上げ紹介してもらった。そして、視聴者からのツイートの質問にその場で官僚が答えたり、仕分け人がツイートの意見とやり取りしたりする。まさに国民の直接参加が実現した。

■現場の担当者とも直接やり取り

例えば、内閣府の「環境未来都市」推進事業を議論しているとき、実際に内閣府の助成を受け「環境未来都市」に取り組んでいる東北の自治体の担当者からツイートが寄せられた。「環境未来都市の計画をつくることが被災地の希望になる。実施する個別事業には各省庁の補助金があるが、計画策定や事業間の調整、現地調査に内閣府の予算を生かしている」という趣旨だった。

これに対し私は、「被災地の希望というのはなるほどと思う。ただ被災地とその他を区別する必要がある。一般の自治体なら、計画策定や事業の調整、現地調査くらいは自分の予算でやってこそ、世界に通用するモデルになる」と意見を述べた。そうしたら、これを受けてまた同じ担当者から「先ほどのお話はそのとおりだと思う」というツイートが来た。

この事業の仕分け結果は「一般自治体向けは廃止、被災自治体向けは中身を精査して取り組む」となった。

■自治体議会へ市民からツイートを

私自身はアナログ人間だが、ソーシャルメディアが民主主義の大きな力になると率直に感じた。「官僚がけしからん」とか「官僚をうまく使えない政治家が駄目だ」とかいろいろ言われてきたが、多くの一般の人は、官僚がどんな顔で、どんな声で、何をしゃべっているか、一度も見たことがない。それが誰にでも見えるのだ。

しかも、官僚による講演や説明会の場ならよそ行きの顔かもしれないが、仕分け人と議論している場では、それぞれの官僚の生の個性が出る。ごまかそうとしているのも分かるし、誠実にきちんと説明しているのも分かる。

かつ、そこにツイートやコメントを出せる。それが会場で紹介され、双方向のやり取りもあり、それも含めすべてネット中継される。

こうした試みは、自治体においても積極的に進める価値があるはずだ。自治体議会のインターネット中継は広がってきたが、市民はそれを見て何か言いたくても、その場では何もできない。議場に大画面を置いてリアルタイムで市民からのツイート、コメントを受け付け、議員はそれを見ながら議論したらどうか。国の事業仕分けでできて、自治体議会でできないはずはない。

さらに行政の審議会、タウンミーティング、様々なところで使えるはずだ。その場には参加できなかった当事者や専門家から有益な指摘が来るかもしれない。

■野次だって有効

140字のツイートは気軽に意見を言いやすい。まとまった文章を書かねばならないパブリックコメントよりも多くの人が意見を寄せるはずだ。

また、新仕分けのニコニコ生放送でのコメントは、「○○は居眠りしているぞ」など国民の野次とも言えるものが多かった。しかし野次の中にも的を射たものがある。「どうせ政権交代になるのにこんなものやっても無駄」というコメントも、「中身のある結論を出せば次の自民党政権も無視できないかも」というコメントもあった。野次が急に大きくなったら、「何かまずい発言だったかな」と少し立ち止まって考えることもできる。自治体でも同じだろう。

■熟議とネットの相互作用

まちづくりは、市民の公共的な意思によって行われる。公共的意思とは市民の私的な利益の集計ではなく、市民一人ひとりが公的な利益（みんなの利益）について考え、議論してつくり出していくものだ。

それには、市民の代表者が議論する議会も重要であるし、この議会や首長のもとにある行政のあらゆる場に市民が参加して議論することも大事だ。公聴会、審議会の委員公募、タウンミーティングやパブリックコメント、無作為抽出された市民による協議会など様々な方法がある。さらに住民投票によって市民が直接決めることもある。

しかし、じっくり深く話し合う「熟議」に市民のすべてが参加することは不可能だ。参加したくない人も当然いるし、その人たちを「関心がない人」と言って無視するのは間違っている。

タウンミーティングへの参加、パブリックコメントの提出、これらは誰もが使える制度だが、実際に使ってきたのは特定の層だったのではないか。

ソーシャルメディアは、従来の参加制度では抜け落ちていた人たちを表に登場させてくれる可能性があるのではないか。ネット上の意見は偏っているという批判がある。しかし、タウンミーティングやパブリックコメントにも、いつも同じような人が同じことを言っているという批判があり、これらも十分に偏っている。どちらも「だから駄目だ、やめろ」ではなく「だからもっと広げよう」という姿勢が必要だ。

また、「熟議」と「ネット」に二分化するのでなく、地域のお祭りの運営で熟議した人が、都市計画審議会の熟議には参加せず、ツイートで意見を言う、コメントで野次る。こうして互いの質を高めていければよいと考える。熟議の場が常に市民全体に開かれ、双方向のコミュニケーションを図るとなれば、より分かりやすい議論が求められる。本当に分かっている人は身内の専門用語でなく、普通の言葉で分かりやすく話せるものだ。

これから自治体は、市民の痛みを伴う政策が今まで以上に必要になる。そのとき熟議をする人たちが、「そんなのは嫌だ」という野次と、逃げずにしっかり向き合うことが重要になる。それぞれの立場で可能な方法で発信し、その相互作用で「公共的な意思」をつくっていけたらと考える。多様な参加と、もう一段深まった自治を生み出していきたい。

㉓ 誰のための「行政」か

■制度維持が目的に

行政は何のために仕事をするのかと問えば、「公共の利益＝市民の利益を実現するため」という答えが返ってくるだろう。しかし本当にそうなっているか。

行政が何か事業を始める際、確かに最初は、市民のためにやろうと考える。そして事業をやるための規定や制度をつくる。ところが一旦事業が始まると、規定どおり実施し制度を維持するのが目的になってしまうことが多い。

例えば、とても困難な立場の人たちがいて、その人たちを何とかサポートしようと制度をつくりサービス提供を始める。しかし何年かして、本当に困っている人の範囲が変わることがある。そのとき、当初想定していない範囲の困難な立場に陥った人からサービス提供の要望があっても、「あなたは制度の対象に該当していない」と何のためらいもなく断る。「制度を見直さなければ」という発想にならない。困っている人ではなく制度に該当する人をサポートし、規定どおり制度を運営することが目的になってしまっているのだ。

■市民を守る？　役所を守る？

国の話になるが、2010年8月、私が消費者庁長官に就任した早々、消費者庁は「自転車で坂道を下って走行中、転倒して運転者が重傷を負った」という公表をした。消費者庁には全国から悪質商法による経済的被害、製品事故による身体・生命の被害など、消費者事故情報が集まってくる。それを公表して消費者に注意喚起するという制度が定められている。しかし、この公表では、消費者はいったい何に気をつければよいのか分からない。

消費者庁へ来た詳しい報告を読んでみると、坂道を走行中に突然、前輪がロック状態になり転倒。スポーク（車輪の放射状のスチール）が折れていたが、転倒したから折れたのか、製品に欠陥があって折れ転倒の原因になったのか、それとも何かが挟まり折れたのか分からない、ということだった。

製品の欠陥が原因かどうかは不明だが、そうした状況であれば「坂道走行中に突然、前輪がロックされ転倒して重傷を負った。スポークが折れていて、その原因はいま調査中」と公表すればよい。もしかしたらそれをきっかけに同様の事例が全国から寄せられ、製品の欠陥が判明するかもしれない。結果として製品の欠陥でなかった場合も、そういう事故もあるから坂道走行は気をつけようと、少しは事故防止につながるかもしれない。

消費者の安全という目的が常に意識されていたらこうした公表になるはずだ。後日、実際に公表内容を変えた。

目的が意識されず、制度だから公表するというだけだと、原因判明前に自転車の製品欠陥が原因かもしれないような書き方をするとメーカーから抗議されたり、訴訟を起こされたりする可能性があるから突っ込んだことは書かない、となる。

しかし、制度があるのに全く公表しないと、今度は消費者団体から消費者庁が隠したと追及される。だからメーカーから抗議されない範囲で曖昧な公表をしておく。これはもう、消費者の安全のためでなく、消費者庁の安全のため公表していると言うしかない。

以上は極めて単純な事例だが、消費者庁長官を務めた2年間で、はるかに複雑で難しい問題と山ほど向き合った。しかし本質は共通であり、徹底して消費者の利益という視点での判断を心がけた。

■三つをやめ、自分で考える

また、私は我孫子市長だった12年間、市役所職員へ次の三つをしないよう言ってきた。

一つは、国、県の言うとおりにしないこと。自治体は市民から出発するもので、国・県の支所ではない。二つには、前例どおりにしないこと。大きく変化する時代、前例をどう変えるかが問われる。三つには、周りの自治体と横並びにしないこと。良いことは大いに真似すればよいが、他自治体もやっているからという発想では思考停止に陥ってしまう。

これまで多くの行政は、この三つをやって問題を起こさないのが「公務員の旨」としてきた。本当に問題が起きないならそれでもよい。しかし問題は起きる。実は問題が起きたとき、この三つによって責任を回避してきたのだ。問題が起きても、「これは国の指示でやったこと」「これはずっと前からやってきたことで私は引き継いだだけ」「これはわが市だけでなく、隣も、そのまた隣の市もやっている」というふうに。しかし、こんな言い訳はもう通用しない。

それでは三つをせず何をするのか。「市民のため地域ために何が必要か、自分の頭で考えよう」と、私は言ってきた。前述したように行政は、市民のためと言いつつ、いつのまにか役所の都合で仕事をしてしまっていることが多い。本当に市民のためになっているか、常に職員一人ひとりが自分の頭で考え、自分で点検することが不可欠だ。

さらにこれからのまちづくりは、より市民と議論したり、力を出し合ったりしながら取り組む場面が多くなる。そのとき市民の側からすれば、自分の頭で考えていない職員と話しても仕方がない。市民との対話が成立しなければ、市民との協力も成立しない。

■「予算がないからできない」はＮＧ

また我孫子市では、市民から何かを要望された場合、「予算がないから」という理由で断ってはいけない、というルールを明文化した。

我孫子市は13万人という人口規模からすると予算規模は小さいが、それでも一般会計で３００億円以上の予算がある。確かに100億円かかる事業を要求されたら予算がないということもあるが、数千万円、数百万円、下手をすると数十万円の事業まで「予算がない」と言って断っていた。

これは明らかに虚偽だ。予算はある。しかし、要望された事業は市民にとっての優先順位が低いから、他の事業に予算を回すということだ。そういう説明をすれば、では本当にその優先順位は正しいのか市民と議論になる。行政はこの点で説明責任を果たすことが求められる。

しかし「予算がない」と言って断ると、市民はその先何も言えなくなる。市民と行政の対話は、その時点で遮断される。行政にとってはそのほうが楽なのだろうが。

■垣根を意識する

一方、「市役所のカウンターの内側の職員と外側の市民、心の中のカウンターを取り払い、職員と市民の垣根をなくそう」と言う人もいる。もちろん善意の発言だが、私は違うと思う。

逆にカウンターを徹底して意識する必要がある。行政権力を行使する職員と日常の権力行使を行政に負託する主権者。税を使ってサービス提供する職員と税を負担しサービスを受け取る市民。両者は融合して同一にはならない。

行政は自分の仕事が市民の意思に沿っているか、市民の利益に沿っているか常に考え、きちんと垣根を意識した上でしっかり市民と結びつく、そういう姿勢が大切であると考える。

24 自治は市民から出発する

■市民が合意をつくる

最後にあらためて強調しておきたいのは、自治は市民一人ひとりから出発するということだ。「私はこうしたい」「こんな暮らしがいい」「こう生きていきたい」そんな一人ひとりの思いから出発する。思いはみんな違うから、みんなで話し合い、合意をつくり、その合意で社会を築く。これが地方自治である。

まちづくりはエリートの専門家による分析から始まるのではない。優れた客観的分析は、市民の思いを実現するための政策形成に不可欠だが、出発点ではない。そもそも、まちづくりに正解はない。私たちの外にある正解を見つけるのではなく、私たちが対話によって合意をつくり出すのである。

もちろん、地域や行政の課題すべてを、全部の市民が十分に理解し、全員で議論を深めて決めるのは不可能だ。普段の決定は、選挙で選んだ首長と議員が行う。ただし、いざとなったら大事なことは市民が決める。

条例に基づく住民投票は、重要政策について市民が主権者の意思を直接示し、首長や議会の意思を是正する重要な手段である。市町村合併特例法による法定合併協議会設置を問う住民投票や、憲法95条による特別法（一つの自治体だけに適用される法律）の自治体同意を決める住民投票もある。

■市民は首長・自治体議員をクビにできる

さらに、自治体の首長や議員は市民の意思に反して行動すると、住民投票でリコールされたり、議会を解散させられたりする。つまり市民の手でクビにできるのだ。この点で、首長や議員は常に市民の意思に基づき決定することが求められる存在だと言える。

しかしこれは市民アンケートを行い、その結果どおりにやるということではない。首長や議会のリーダーシップはきわめて重要だ。そのリーダーシップは市民の合意をつくり出すために発揮されなければならない。

例えば「わが市が進む方向は、AとBとCの道がある。Cの道が一番困難だが、それを乗り越えてこそ市民の幸せが実現できる。Cの道を選ぼう」と市長が考えたら、それを市民に訴え、市民の合意をつくってCの道を進まねばならない。大多数の市民は「困難なCの道はだめだ」と言っているのに、市長が「私の信念だ」と言ってCの道を行くと市民からクビになる、という制度だ。

国会は、「これこそ国民の利益」と判断したらCの道を選べる。世論と違う決定をしても、決定自体の責任は問われない。国民からリコールも解散もされない。ただし次の選挙で結果責任が問われる。自治体では選挙で結果責任が問われるだけでなく、常に市民の合意があるかどうかも問われるのだ。そうした意味で、私は国の政治家よりも自治体の政治家のほうが、より大きなリーダーシップを求められると考えている。

■人口減少社会へ向けた市民合意

私たちは人口減少社会を迎えている。子どもを安心して生み育てることができ、子どもが豊かに成長する社会は、出生率の数字を上げるためではなく、私たちの幸せのために必要だ。

かりに子育て環境を改善し出生率が上がったとしても、これから50年くらい日本全体の人口は確実に減る。現在、団塊の世代ジュニアが子どもを生む世代だが、やがてこの世代が高齢化すると、子どもを生む世代自体が大きく減るからだ。このことは既に決まっており、今から変えられない。

そんな中、ほとんど全ての自治体が「わがまちの人口減を食い止めたい」と言っている。だが、「わがまちの人口減を小さく」しようと思えば、「他のまちの人口減を大きく」せねばならない。結局、地方創生のかけ声のもと、自治体同士が人口の奪い合い＝つぶし合いをやっている。こんな先に自治体の未来はない。

もちろん個別には、地方から大都市圏への流出など、食い止めねばならない構造もある。しかし、基本的視座として、「（右肩上がり前提の）従来の社会の仕組みを維持したいから人口減を食い止めよう」ではなく、「人口減になっても市民が幸せになれる持続可能な社会の仕組みに変えよう」へ切り替えが必要である。

本書では公共施設公開評価（⑯）、事業仕分け（⑮）、補助金市民審査（⑥）などを取り上げてきたが、市民の要望を「あれもこれも実現しよう」はもう通用しない。本当に必要なものは何なのか、社会の仕組みをどう変えるのか、合意づくりが重要だ。

うまく小さくし質を高める――この大転換は簡単ではない。首長が地域を小さくする勇気を持ち、議会も職員も逃げずに時代と向き合って、本気で市民と議論することが肝心だ。徹底して市民から出発すれば「経済成長＝国民の幸せ」の公式とは違う豊かさが見えてくる。ここに新しい社会を拓く鍵があるように思う。

言うまでもなく国の役割は重要だ。しかし国は市民一人ひとりから出発できるわけではない。国民をマス（大きなかたまり）として捉え、様々なデータを駆使して政策立案し、法律をつくり、実行する。こうした国と、市民起点の自治体が緊張感を持って向き合い、ぶつかり合って、その相互作用によって社会をつくっていくことが大切だ。

しかし、自治体が国の下請けをやっていてはこの関係はつくれない。現在、多くの自治体は、国が打ち出す政策を地域に合うようアレンジして実行するのが仕事と思っているように見える。それなら自治体はいらない。国の支部か出張所があればいい。アレンジぐらいは、優秀な国家公務員がやるだろう。自治体は、市民から出発する自治を行うため存在しているはずだ。

■ローカルパーティという宿題

地方自治を進化させるにはローカルパーティ（地域政党）の存在が必要だと考える。中央の大政党の地方組織を見ると、都道府県の代表も各支部の代表も、国会議員かその予定候補者ばかりだ。なぜ県議会議員や市町村議員でないのか。大政党の地方組織は結局、国政選挙のための地方の手足なのである。「草の根からの政治」を掲げる立憲民主党も、残念ながらこの点は同じだ。地方政治の主体が欲しい。

ただし、首長自らがローカルパーティをつくり、自分の自治体の議会で多数を占めようとするのは間違っている。首長は議会を思いどおりに支配しようと考えてはならない。そんなことをしたら、市民から出発する自治ではなく、「首長ファースト」の独断になる。

市民が自分たちの政治参加の手段としてローカルパーティをつくり、自治体議員を出す。また、必要に応じて中央政党とも対等に連携する。こうしたローカルパーティは、私にとっても重要な宿題だと考えている。

■「自分ごと化会議in松江」の挑戦

政治の分野はますます混迷を深めているが、自治の場では市民が様々な挑戦を始めている。2、15、16で述べた無作為抽出の市民による取り組みは、シンクタンク構想日本がサポートした市民判定人方式の事業仕分けと住民協議会を合わせ、２０１８年３月までに56自治体で１１８回行われてきた。これらのほとんどは、行政が住民基本台帳からコンピューターで抽出している（2例は市議会の会派）。

これに対し松江市では、民間で実行委員会をつくり、原発をテーマに無作為抽出の市民で話し合う「自分ごと化会議in松江」を計画している。公開されている選挙人名簿から市民の手作業で2000人を抽出。参加してくれた市民と島根大学の学生で、異なる立場の専門家の話を聴きながら議論する。

すでに2018年5月に実行委員会がスタートし、11月から4回の会議を予定している。松江市、島根県、中国電力そして市民への改善提案もまとめる予定だ。

松江市にある島根原発は、1号機は廃炉が決まり、2号機は再稼働、3号機は新規稼働が議論されている。しかしこれまでは、脱原発の人も原発推進の人も、自分たちだけで集まり、自分たちの主張を繰り返すだけだった。そんな状況を少しでも変え、松江市で普通に生活している市民が、両方の話を聴いて原発の問題を自分のこととして考えていく、その第一歩にしようというのが狙いだ。

市民が行政や議会に頼らず、自らの力で無作為抽出の人による会議を実現できたら、新しい全国的なモデルになるだろう。人口減少社会において市民が自治を創造していく大きな力になるはずだ。

☆本書は、『時の法令』（朝陽会刊）の連載「自治を行うということ」（2015年11月～2017年11月掲載）に加筆・修正してまとめたものです。

著者紹介

○**福嶋浩彦**（ふくしま　ひろひこ）
中央学院大学教授　元我孫子市長　元消費者庁長官

1956年鳥取県生まれ。自主的学園祭を求め大学当局と対立、筑波大学を除籍。市議会議員を経て1995年、38歳で千葉県我孫子市長に。３期12年間、市民自治を理念とした自治体改革を推進し、全国青年市長会会長も務めた。
市長を自ら退任後は、中央学院大学教授、行政刷新会議事業仕分け人。2010年から２年間は民間から政府に入り消費者庁長官。東日本大震災の原発事故のもと、自治体と連携し食品の安全確保に取り組む。現在は大学に復帰。
著書に、『市民自治』（ディスカヴァー携書）、『公会計改革』（共著・日経新聞社）、『市民自治の可能性』（ぎょうせい）などがある。

グリームブックス（Gleam Books）
著者から受け取った機知や希望の“gleam《ひらめき》”を、読者が深い思考につなげ“gleam”を発見する。そんな循環がこのシリーズから生まれるよう願って名付けました。

最先端の自治がまちを変える
―人口減少社会への24の提言―

2018年７月１日　発行
2018年７月25日　２刷

価格は表紙カバーに表示してあります。

著　者　　福嶋　浩彦

発　行　㈱ 朝 陽 会　〒340-0003　埼玉県草加市稲荷2-2-7
電話（出版）048（951）2879
http : www.choyokai.co.jp/
編集協力　㈲ 雅 粒 社　〒181-0002　東京都三鷹市牟礼1-6-5-105
電話　0422（24）9694

ISBN978-4-903059-53-2
C0031　¥1000E

落丁・乱丁はお取り替えいたします。